एक और राम

मोहनलाल मिश्र 'धीरज'

टू साइन

प्रकाशक : ट्रू साइन पब्लिशिंग हाउस

पता : SY.N0.21/2 & 21/3, सोननहल्ली,

कृष्णराजपुरा, बेंगलुरु, कर्नाटिक -560049 भारत

ईमेल : truesignbooks@gmail.com

वेबसाइट : www.truesign.in

© लेखकाधीन

एक और राम

लेखक: मोहनलाल मिश्र 'धीरज'

ISBN: 978-93-5584-299-2

संस्करण: 2023

ॐ नमो भगवते वासुदेवाय

सम्पूर्ण जगत

के

आधार

आनंदमूर्ति

मुरली मनोहर

मन मोहन श्री कृष्ण

को

सादर समर्पित

आपका अनन्य

भक्त

मोहनलाल मिश्र 'धीरज'

अभिमत

'एक और राम' नाटक हिन्दी के कवि उपन्यासकार, कहानी लेखक, उद्घोषक एवं विभिन्न कार्यक्रमों के संयोजक एडवोकेट श्री मोहन लाल मिश्र 'धीरज' का एकदम ताजा लेख है। लेखक की संकल्पना विश्व प्रेम की उदात्त भावना है। उसकी दृष्टि में समस्त धर्मावलम्बी एक शक्ति के ही उपासक हैं। वह चाहे जो संज्ञा जिस संज्ञा से जाना जाता हो। सभी का लक्ष्य शान्ती से मिलजुल कर रहना है। समाजोत्थान में धर्म का महत्त्वपूर्ण स्थान है। धर्म ही व्यक्ति के सर्वतोमुखी विकास का द्वार खोलता है, संकीर्णताओं की खिड़कियों को खोलता है। और ईर्ष्याल झरोखे भी बनाता है, व्यक्ति के सोच पर निर्भर है कि वह किसे पसन्द करता है। प्रश्न तो आत्मतुष्टि का उभरता है। आत्मतुष्टि ही आस्था का आनन्द स्वरूप है। कर्म उसके सुदृढ़ आधार। कर्म शून्य धर्म व्यर्थ है। धर्म व्यष्टि से समष्टि तक के मानवीय शंकाओं के निवारण कर प्रेरक तत्व हैं, धर्म में निहित संस्कार जीवन की निर्मलता के प्रतीक होते हैं। यही निर्मलता सद्भाव कहाती है और व्यक्ति को व्यक्ति से जोड़ती है, 'एक और राम' नाटक के विभिन्न धर्मानुयायी पात्र समाज के ही अंग है। सभी की दैनिक चर्या में मनुष्य-कल्याण की सद्भावना निहित है। यही सुदृढ़ मंच का प्रार्थना के अच्छे माध्यम उस परमशक्ति के आकर्षक का श्लाघ्य प्रयास है। इस नाटक में संवाद कहीं-कहीं लम्बे हैं। मेरी समय से मंचन में बाधक हो सकते हैं। विषयवस्तु का चयन समय बोध का सुग्राह्य चिन्तन, मन और अनुभव को आमंत्रण देता प्रतीत होता है। भाषा, भाव, शैली हृदयगति प्रशंस्य है। श्री धीरज के द्वारा लिखे इस नाटक का मैं अन्तर्मन से स्वागत करता हूँ और उनकी सारस्वत-साधना के उज्ज्वल स्वस्थ की सफल सुसामान्य करता हूँ। वह यशस्वी, दीर्घजीवी और समाजोपयोगी हों, हार्दिक मंगलकामनाएँ। जय हिन्दी, जय देवनागरी।

21 सितम्बर 2019 ई.

डॉ. महेशचन्द्र मिश्र 'विधु'
कल्याणी देवी मार्ग
उन्नाव

नाटक सशक्त अभिव्यक्ति का एक श्रेष्ठ माध्यम

नाटक को पंचम वेद के रूप में स्वीकार किया जाता है। नाटक सशक्त अभिव्यक्ति का एक श्रेष्ठ माध्यम है। इसी श्रृंखला की श्रेणी में कवि, लेखक, नाटककार, उपन्यासकार तथा रंगकर्मी मोहनलाल मिश्र 'धीरज' की नवीन कृति 'एक और राम' शीर्षक नाटक को रखा जा सकता है। पूर्व में मैंने उनके द्वारा लिखित नाटक 'चौराहा' की भूमिका लिखी थी तथा उसकी समीक्षा जनप्रिय साहित्यिक मासिक पत्रिका 'नवनिकष' में प्रकाशित हुई।

नाटक का मूल तत्व सत्य की खोज के साथ आन्तरिक अनुभूति में विचारों की कल्पना/ जड़ चेतन के कल्याण का चिन्तन ही उस प्राणी को सर्वशक्तिमान परमतत्व का साक्षात्कार करा सकता है ऐसा विश्वास सुदृढ़ करने का हेतु विश्वबन्धुत्व की भावना का विस्तार है।

भिन्न मान्यताओं के अनुसार ईश्वर के स्वरूप को कल्पना के आधार पर मान्यता प्रदान करते हैं। वैचारिक सोच अलग-अलग होने से आपसी मतभेद उत्पन्न करते हैं इसी को दृष्टिगत रखते 'धीरज' ने अपने नाटक में परम तत्व ॐ राम की व्याख्या अपने ढंग से की है जो स्वगतेय है।

काल्पनिक पात्रों के माध्यम से वर्तमान में विश्वफलक पर नकारात्मक घटनाओं पर चिन्तन व्यक्त करते हैं आतंकवादी संगठनों पर छोटे-बड़े राष्ट्रों को अंकुश लगाने की प्रेरणा दी है। यदि इन सन्दर्भों पर नहीं सोचा गया तो निकट भविष्य में विश्व युद्ध की सम्भावना को नकारा नहीं जा सकता है।

सामाजिक, राजनैतिक तत्वों को समावेश करते हुये 'एक और राम' दार्शनिक सोच का नाटक है।

मेरा विश्वास है - विश्व मंच पर प्रस्तुत नाटक एक और राम उच्चतम सफलता के सोपान को प्राप्त करेगा। इस नाटक में मंचीय सम्भावन है तथा इसका छायांकन भी किया जा सकता है।

शुभ आशीष।

अग्रिम नवीन कृति की प्रतीक्षा में

दिनांक 25-12-2019

डॉ. एल.के. पाण्डेय
प्रधान सम्पादक
नवनिकष
मासिक पत्रिका

एक और राम की प्रासंगिकता

वर्तमान में युगों-युगों तक याद करने वाले असीम सत्ता-सम्पन्न परब्रह्म परमेश्वर, आदि अनादि कहलाने वाले भगवान श्री राम से भिन्न कवि, लेखक, नाटककार, कहानीकार श्री मोहन लाल मिश्र 'धीरज' की कल्पना अपने आप में बेजोड़ है। ईश्वर की श्रेणी में आने वाला राम वर्तमान में न्याय के लिए भटकता, वर्तमान न्याय प्रणाली पर चोट करता है। जीवन जीने की कला, प्रेम, सहनशीलता जब तार-तार होने लगती है, तब स्वयं राम मानवता की दहलीज पर अपना सर्वस्व कुर्वान करने को तैयार हो जाता है। श्री मोहनलाल मिश्र 'धीरज' का कथानक काल्पनिक होते हुए भी यथार्थ से जुड़ा है। समस्त मानव मूल्यों को समावेश इस पुस्तक में परलक्षित है। यह पुस्तक मानव समाज के लिए ज्ञानवर्द्धक तो है ही, जीवन दर्शन को भी प्रतिबिम्बित करती है। मैं इस ग्रहणीय धरोहर के रचनाकार को साधुवाद देता हूँ। यह पुस्तक आने वाली पीढ़ी को नई दिशा एवं गति प्रदान करेगी। तथा समस्त मानव समाज को आदर्शों के प्रतिपालन हेतु मार्गदर्शन करती रहेगी, तथा मानवीय मूल्यों के अवमूल्यन की रक्षा करने में सहायक सिद्ध होगी।

डॉ. विजय कुमार पाण्डेय
F/128 पनकी कानपुर
मो. 9450191552, 6387405615

सत्य की ओर

मानव जीवन निरन्तर चलने वाली सतत् प्रक्रिया है। सम्पूर्ण ब्रह्माण्ड में व्याप्त उच्चतम ऊर्जा जो चर अचर को नियंत्रित करती है। उस सर्वोच्च सत्ता के निकट पहुँचना ही मानव जीवन का परम उद्देश्य है। राम-अजर है अमर है सत्य है सर्वव्यापक है अजन्मा है कण-कण में व्याप्त है सत् असत् से परे है सम्पूर्ण पुरुष है। परमात्मा तो इन्द्रिय, सोच, द्रव्य देह से रहित तथा निर्गुण है निराकार है।

उस परमात्मा जगत पिता जिसे हम अपनी संगत के कारण अपनी सुविधाजनक रुचिकर कल्पना के द्वारा उसे हम रूप दे देते हैं। परन्तु उसको किसी भी प्रकार से बुद्धि के द्वारा नहीं समझा जा सकता है। वह इन्द्रियों से परे है उसका हम सूक्ष्म से सूक्ष्म अंश को नहीं जान सकते। वह अनन्त है माया रहित है परन्तु माया उसके वश में है। वह विशाल महासागर है हम उसकी बूंद।

मन की गहराई में जाकर निरन्तर निश्छल भाव से ध्यान करते हुए अनुभव कर सकते हैं। हमारे आचार्य तथा मनीषियों ने सत्य की खोज हेतु मार्ग दर्शन दिया है। यहाँ यह भी कहना आवश्यक है कुछ संस्थायें। स्कूल ईश्वर के अस्तित्व को स्वीकार नहीं करती है। चार्वक, गौतम बुद्ध तथा कार्ल मार्क्स ईश्वर के अस्तित्व को नहीं स्वीकारते हैं लेकिन कर्म पर बल देते हैं। मानव हित में सुकार्य पुण्य प्रदान करते हैं किसी को हानि प्रदान करने वाला भाव पाप प्रदान करते हैं इसके अतिरिक्त प्रायश्चित का सिद्धान्त है।

हमारे वाङ्मय हिन्दी साहित्य तथा भारतीय दर्शन में निराकार ब्रह्म, साकार ब्रह्म सगुण निर्गुण का वर्णन मिलता है। समय काल के अनुसार अपनी-अपनी भावनाओं के अनुरूप उस ईश्वर का रूप प्रदान करते हैं।

प्राणियों द्वारा किया गया चिन्तन भविष्य का निर्माण करता है। प्राणियों का अपना स्वभाव होता है। अपने विवेक का प्रयोग करके नकारात्मक ऊर्जा को स्थगित कर धनात्मक ऊर्जा का चिन्तन करते हैं। विचार के द्वारा बुद्धि में रहने वाले संशय विपर्यय आदि दोषों को हटाने का नाम 'अपोहन' है।

सर्व वेदों का तात्पर्य परमेश्वर को जानने का है इसीलिये सब वेदों (संसार के समस्त धार्मिक ग्रन्थ) द्वारा 'जानने योग्य' एक परमेश्वर ही है।

सत्य को समझने के लिये कुछ विचार इस प्रकार है।

Divine Almighty is the mighty power & source, the creater of all life. If has created the whole existence of the infinite Universes. And we are spark of the eternal source the divine Sun.

ईश्वर अंश जीव अविनाशी।

चेतन अमल सहज सुखराशी॥

रामचरितमानस

It means it is beyound our intellectual comprehension lexplaination & our human Understanding. In fact great sages & seers & all ancient sacved seripturs have said that no one can ever understand or have tiniest idea about its majestys enigma.

You can imagine that all the beings of the infinit universes have beeen giffed with consciousness & awarenes by the grace of Divine Om is Singnature of almighty God.

एक और राम से तात्पर्य है एक परमशक्ति उस तक पहुँचने के अनेक रास्ते हैं यही सत्य है।

आज जो भी विश्व में घटित हो रहा उस पर चिन्तन करना समस्त संस्थाओं का परम कर्तव्य है। हम प्रेम, स्नेह तथा मानवता के पौधों को रोपित करें, हिंसा, घृणा तथा नकारात्मक सोच को जड़ से उखाड़ फेंकें।

विश्व को केवल प्रेम से जीता जा सकता न कि अहंकार के बल से। यही ध्येय इस नाटक का है।

इस नाटक के सभी पात्र काल्पनिक हैं। कथानक में रोचकता के लिये कल्पना का आश्रय लिया है।

विश्व कल्याण हेतु प्रस्तुत नाटक 'एक और राम' प्रस्तुत है।

ससम्मान/आदर सहित

पाठक ही लेखकों को बल प्रदान करते हैं।

दिनांक 21.11. 2019   मोहनलाल मिश्र 'धीरज'

अनुक्रम

1. 'नाटक' एक और राम 11

2. नाटक 40

3. मत दान करना 45

4. Clue (कथा सूत्र) 51

5. दहेज 57

6. रचनाओं से दूर होती सामाजिक कुरीतियाँ 62

7. वर्तमान समय में देश हित में चिंतन की विशेष आवश्यकता - राजबहादुर सिंह 63

8. साहित्यकार मोहन लाल मिश्र 'धीरज' से आज की विशेष बातचीत 64

9. परिचय 66

'नाटक' एक और राम

कथानक

आदिकाल से आज तक धर्म तथा अधर्म के मध्य और भविष्य में भी युद्ध चलता रहेगा, यह निरन्तर चलने वाली प्रक्रिया है।

मानव धर्म है, ईश्वरी आदेश है, धर्म का पालन करें अर्थात् मानवी मूल्यों की रक्षा करें।

मनुष्य का उद्देश्य शांति है न कि युद्ध। इसके उपरान्त समय काल, परिस्थितियों के क्रम में युद्ध की अनिवार्यता उत्पन्न हो जाती है।

प्राचीन काल से अनेकानेक युद्ध हुये, देवासुर संग्राम, राम-रावण, महाभारत, प्रथम विश्व युद्ध, द्वितीय विश्व युद्ध तथा ईसाई मुस्लिम, यहूदी आदि सम्प्रदाओं के मध्य हुये। युद्ध जिसमें जन-धन की हानि के साथ अनेक सभ्यता तथा संस्कृतियों का अन्त हो गया।

युद्ध की भयानकता से मानव मन व्यथित हो उठता, विनाशकारी ताण्डव से जी काँपने लगता है, भयभीत होकर जीता है तब वो परमशक्तिमान कण-कण में व्याप्त ईश्वर की प्रार्थना करता तो सच्ची प्रार्थना को स्वीकार कर वो अनेक रूपों में अवतरित होते हैं।

सज्जन पुरुषों की रक्षा करता है और दुष्टों का संहार करता है, धर्म की स्थापना करता है, यही उसके अवतरित होने का उद्देश्य भी, कारण भी है।

प्रस्तुत नाटक 'एक और राम' में विचित्र प्रवृत्ति के लोगों के समूहों के आचरणों के चरित्रों की अभिव्यक्ति है।

धार्मिक, अधार्मिक एवं विभिन्न सम्प्रदायों व राजनीति से जुड़े शीर्ष पदों पर स्थापित लोगों के विचारों की अभिव्यक्ति तथा उनका अनुकरण ही युद्ध या शान्ति की घटनाओं को जन्म देता है।

अन्त में यह कहना अति आवश्यक है, 'एक और राम' छोटी सी छोटी घटना सम्पूर्ण विश्व को प्रभावित करता है।

पात्र

1.	युग पुरुष	-	उम्र 65 वर्ष - युवा श्वेत वस्त्र धारी संन्यासी
2.	युग माता	-	उम्र 60 वर्ष - स्वस्थ्य, सुन्दर महिला

3.	पक्षधर	-	उम्र 25 वर्ष - युवा बलिष्ठ
4.	अर्जुन	-	उम्र 45 वर्ष - सम्राट लोक नगर
5.	अमृता	-	उम्र 40 वर्ष - महारानी
6.	मु. शेख अली	-	उम्र 60 वर्ष - खलीफा
7.	बेगम फातिमा	-	उम्र 25 वर्ष - बेगम
8.	माइकल	-	उम्र 40 वर्ष - विशप
9.	लिली	-	उम्र 20 वर्ष - नन
10.	प्रो. डॉ. नलिन	-	उम्र 65 वर्ष - उपदेशक
11.	भौली	-	उम्र 20 वर्ष
12.	थापर	-	उम्र 50 वर्ष - मिलेट्री जनरल
13.	प्रोफेसर ज्ञान	-	उम्र 35 वर्ष - उन्मादी, उपद्रवी, विक्षिप्त
14.	हिन्दू वेषधारी	-	उम्र 60 वर्ष - साधू
15.	पादरी	-	उम्र 60 वर्ष
16.	ग्रन्थी	-	उम्र 60 वर्ष
17.	सूफी संत	-	उम्र 60 वर्ष
18.	यहूदी	-	उम्र 60 वर्ष

एक और राम
नपथ्य से विनम्र निवेदन

दृश्य

मंच पर अंधेरा

युगयुगांतर से चली आ रही है धर्म और अधर्म के बीच की कहानी, ईश्वर है या नहीं का द्वन्द्व मानव ! इन्हीं प्रश्नों के उत्तर को खोजता है क्या उसे समुचित उत्तर मिला या नहीं ? समस्या और समाधान, सुर और असुर, ईश्वर और शैतान के दर्शन का परिणाम, क्या ?

युद्ध या शांती

संघर्ष या समझौता

वर्तमान में जो स्थितियाँ, राजनैतिक स्तर पर उत्पन्न हो गयी, उस पर हम सभी को विचार करना पड़ेगा।

एक ओर धर्म, उन्माद, दूसरी ओर जातीय द्वैष, संघर्ष, तीसरी ओर साम्राज्यवादी मानसिकता, चौथी ओर बढ़ता पूँजीवाद, पाँचवीं ओर दलित शोषित वर्ग की उपेक्षा का भाव छठवीं ओर राष्टों के अपने स्वार्थ सातवीं ओर मिथ्या अहंकार वाद, आठवीं ओर मानवीय मूल्यों का क्षरण प्रत्येक युग में समय काल, परिस्थितियों के अनुसार महान आत्मायें जन्म लेती और विश्व में फैले अन्धकार को अपनी रोशनी से दूर करती हैं।

एक और राम, 3

मंच में घोर अंधेरा है, चीखने, चिल्लाने की आवाजें आ रही है। मारो, काट दो, पूरे इलाके में आग लगा दो, धर्म ग्रन्थों को जला दो, मारो जो मिले पुजारी, पादरी, ग्रन्थी, नमाजी और नेक दिल इन्सानों को। मैं अंधेरा हूँ, विश्व सम्राट बनना है।

बम्बारिंग की आवाजें, आँधी तूफान की आवाजें, बचाओ, रक्षा करो, त्राहिमाम आ रहा है राम कहाँ हो, आओ, वाहे गुरू आओ, जेसिस क्राइस्ट, Save us O God या अल्लाह ऐ खुदा हिफाजत करना, अपने नूर से सारे जहाँ को रोशन कर दे, ऐ मौला पुकार सुन,

वख्त बदलते देर नहीं लगती,

हैवानियत हद से यदि गुजरे,

नेक बन्दा दिल से पुकारे,

मुझे आने में कभी देर नहीं लगती।

मानवीय मूल्यों का क्षरण होना, इन विकट परिस्थितियों में संयुक्त राष्ट्र संघ भी अपने उद्देश्यों की पूर्ति में असफल सिद्ध हो रहा है।

प्राणी ईश्वर की इकाई है और सम्पूर्ण विश्व उसका विराट स्वरूप।

आज हम तीसरे महायुद्ध के मुहाने पर खड़े हैं।

ईश्वर न करे युद्ध हो, यदि हुआ, होने वाले विनाश की कल्पना से पूरा विश्व थरथरा जायेगा, इन्हीं सन्दर्भों को लेते हुये यह नाटक प्रस्तुत है।

तीसरे विश्व युद्ध की सम्भावनाओं को रोकने में, विश्व हृदय को परिवर्तित करने में यह नाटक सफल होगा, ऐसा मेरा विश्वास है। मुझे परमपिता कण-कण में व्याप्त सबका मालिक एक पर विश्वास है वह अवश्य मानव शक्ति के रूप में आयेगा और विश्व कल्याण करेगा।

यदा यदा हि धर्मस्य ग्लानिर्भवति भारत।

अभ्युत्थानम अधर्मस्य तदात्मानं सृजाम्यहम्।

परित्राणाय साधूनां विनाशाय च दुष्कृताम्

धर्म संस्थापनार्थय सम्भावामि युगे युगे।

एक और राम - 9 बार लयबद्ध में

मंच पर

पाँच व्यक्ति मंच के बीचों बीच - पाँच व्यक्तियों में एक साधू वेश में माला जपते, दूसरे सूफी वेश में आसमान को देखता तीसरा पादरी भेष में दोनों हाथों को उठाये की मुद्रा में चौथा यहूदी पुस्तक के पन्ने पढ़ता, पाँचवा-शांत मुद्रा में ध्यान करता हुआ श्वेत वस्त्र में, उन पर धीरे-धीरे रोशनी पड़ती है। वो एक दूसरे से वृतकार में मिले खड़े हैं और मंच पर घूम रहे। पहिले धीरे-धीरे घूमते फिर तेजी से घूमते हैं। रोशनी उन पर बढ़ती चली जा रही है।

नैपथ्य से

मैं राम हूँ, मैं ही रहीम हूँ, मैं घनश्याम, मैं कण कण में व्याप्त सर्व शक्तिमान हूँ, मैं गीता का ज्ञान, पाक कुरान का सम्मान हूँ, गुरु ग्रन्थ का पाठ हूँ, बाईबिल का आदेश हूँ, मैं अदृश्य सम्पूर्ण ऊर्जा हूँ। मैं अमर हूँ। मैं समय चक्र का पहिया हूँ, मैं सूरज हूँ, तुम सब मेरी रोशनी का हिस्सा हो मैं दया सागर हूँ तुम मेरी बूंद।

तुम चाहो धरती को स्वर्ग बना सकते हो। खुदा के नेक बन्दे सच्चाई का दामन थाम लो मैं तुम्हारे साथ हूँ।

एक और राम 5 (गूंजती आवाज में)

दृश्य - 2

मंच पर मर्यादा पुरुषोत्तम का मंदिर उसके बाद गुरू द्वारा उसके बाद चर्चा उसके बाद मस्जिद है।

प्रात: काल चार बजे

मंदिर में प्रवेश करते हुये युग पुरुष

प्रकाश उन पर पड़ता है हाथ जोड़े प्रार्थना करते हैं। मंदिर से घंटियां बजने की ध्वनि हो रही है- भजन- श्री राम चन्द्र कृपाल ...... गायत्री मंत्र

ॐ भू भुव: स्व तत्सय वितुर्वणय।

भर्गो देवस्य धीमहि धियो योन: प्रचोदयात

पूजन के बाद- युग पुरुष चला जाता

चार बज कर तीसरा मिनट

गुरूद्वारा में युग माता का प्रवेश

गुरू ग्रन्थी का पाठ होता है वाहे रे गुरू

वाहे गुरू की फतेह

पाँच बजे

चर्च में माइकेल का प्रवेश। घंटी बजती है।

O - God love & bless to all

O - Allmighty God save us protect the world.

पाँच बचकर 30 मिनट

मस्जिद में मुहम्मद शेख अली का प्रवेश

पठानी वेशभूषा

अज़ान नमाज के समय का ऐलान है।

अज़ान के बोल-

अल्लाहो अकबर अल्ला हो अकबर अल्ला हो अकबर अल्ला हो अकबर

(ईश्वर (अल्ला) ही महान है।)

अश्शहदु अल्ला इलाहाब इल्लल्लाह।

अश्शहदु अल्ला इलाहा इल्लाल्लाह।

(मैं गवाही देता हूँ कि ईश्वर के सिवा कोई भी पूज्य प्रभु नहीं है) अश्शहदु अन-न मुहम्मदर्रसूलुल्लाह।

(मैं गवाही देता हूँ कि मुहम्मद ईश्वर के सन्देष्टा हैं।)

हय्या अलस्सालह, हय्या अलस्सलाह।

(आओ नेकी की ओर)

हय्या अलल फलाह हय्या अलल फलाह

(आओ सफलता एवं कल्याण की ओर)

अल्ला हो अकबर, अल्ला हो अकबर

(ईश्वर ही महान है)

लाइलाहा इल्लल्लाह।

(ईश्वर के सिवा कोई पूज्य प्रभु नहीं है)

दृश्य - 3
सायं 4 बजे

मंदिर के आगे मंच बना है व्यासपीठ पर युगपुरुष बैठे हैं उनके माथे पर चन्दन लगा है, धोती कुरता पहिने हैं, कंधे पर शाल पड़ा हुआ उनके गले में पुष्पमालायें पड़ी हैं।

नेपथ्य से- आज बड़ा ही पावन दिन है। चैत्र की नवमी के दिन सिद्ध मानस मर्मज्ञ विद्वान आचार्य युगपुरुष के मुखारबिन्दु से मर्यादा पुरुषोत्तम राजा रामचन्द्र की कथा को श्रवण करेंगे। भव्य राम मंदिर का निर्माण - यही हम सबका संकल्प है। जय श्री राम का घोष, सामूहिक रूप से करते - भारत माता की जय हो।

युगपुरुष-प्रिय आत्म, राम भक्तों कथा प्रारम्भ हो- इसके पूर्व प्रभु का स्मरण कर लें।

ॐ गं गणपतेराय नमः

गजाननम् भूति गणाधिपम, कपित्थुजसंवितम् फलचारिभक्षणम्

उमासुतम शोक विनाशकारकम नमामि विघ्नेश्वर पादपंकजम्

हनुमान चालीसा- श्री गुरु चरनसरोज रज

निज मन मुकुर सुधार

वर्णो रघुवर विमल यश जो दायक फल चार

बुद्धिहीन तनु जान के सुमरों पवन कुमार

बल बुद्धि विद्या देहु मोहिं हरहु कलेश विकार

श्री राम जय राम जय जय राम- 11 बार

राम रामेत रामेत रमे रामे मनोरम

सहस्त्र नामततुल्यम राम नाम बराननें

हरे राम 3 राम राम हरे हरे

हरे कृष्ण 3 कृष्ण कृष्ण हरे हरे

युग पुरुष - हमारे सभी रसिक राम कथा के श्रोतागण - मेरे प्रभु श्री राम लंका विजय के बाद पुष्पक विमान में माँ सीता, लक्ष्मण, हनुमान तथा सुग्रीव आदि के साथ अयोध्या लौटते हैं। उधर भारत राम के वापस आने की अवधि समाप्ति पर चिंतित हैं प्रभु श्री राम क्यों नहीं आये ?

उधर राम चिंतित हैं भरत के लिये वह तुरन्त पवनपुत्र को भरत जी के पास भेजते हैं।

रहेउ एक दिन अवध अधारा।

समुझत मन दु:ख भयउ अपरा।।

भरतजी दु:खी हो रहे हैं परन्तु उनकी दाहिनी भुजा फड़कती है भुजा बार बार फड़क रही है उसे शुभ शकुन जानकर अत्यन्त हर्ष हो रहा है और वो विचार करने लगे।

श्री राम जी के विरह-समुद्र में भरतजी का मन डूब रहा था उसी समय पवन पुत्र हनुमान जी, ब्राह्मण रूप धरकर इस प्रकार आ गये माने (उन्हें डूबने से बचाने के लिये) नाव आ गयी है।

भक्तगण बड़े ध्यानपूर्वक सुन रहे हैं। युगपुरुष ने कहा चलो पाँच मिनट भगवान का कीर्तन करें

संगीतमय कीर्तन होता है।

श्री राम जय राम जय जय राम

हरे कृष्णा हरे कृष्णा हरे कृष्णा 2 हरे 2

हरे राम हरे राम राम 2 हरे 2

नेपथ्य से

बंद करो ये नाटक, दुनिया को मूर्ख बनाने वालों। राम के नाम पर धर्म की दुकान चलाने वालों। प्रवचनों के नाम पर व्यापार चलाते हैं जनता तथा देश को गुमराह करते हो।

कौन बेधर्मी आ गया है मारो साले को पापी घोर नरक में जायेगा। कहाँ है. ढूँढ़ो जाने न पाये। कितनी शांती से राम कथा चल रही थी, विघ्न डाल रहा है

टंगे हुए हैं जड़े फ्रेम में ब्रह्मचर्य के कड़े नियम

उसी फ्रेम के पीछे चिड़िया गर्भवती हो जाती है।

लज्जा नहीं आती निर्लज्ज राम भक्तों को सताता है। तेरा भी रावण की तरह सर्वनाश होगा। उसने आचार्य चतुरसेन की वयं रक्षाम: पढ़ी है। शिव कुमार मिश्र की तुलसी पथ भ्रष्टक पढ़ी होगी। विन्डी निगोरा की रामायण पढ़ी होगी।

हमारे देश में भारतीय संस्कृति को नष्ट करने का षड्यन्त्र चल रहा है।

अर्जुन सम्राट का प्रवेश। पुन: शान्ती स्थापित हो जाती है।

अर्जुन सम्राट- महाराज को कोटिश: प्रणाम

(युगपुरुष के चरणों में शीश झुकाते हैं। पुष्पमाल गले में डालते हैं।)

आप हमारे नगर राम नगर पधारे हमारा दायित्व है सुरक्षा प्रदान करना मर्यादा पुरुषोत्तम की कथा कह रहे हैं कोटिश: प्रणाम।

युगपुरुष - सम्राट का कल्याण हो, राज्य को सुशासन प्रदान करें। राजा राम युग नायक हैं युग पुरुष हैं मनु सतरूपा की तपस्या से प्रसन्न होकर त्रेता में अवध नरेश दशरथ के पुत्र होने का वरदान दिया था।

तहँ करि भोग विसाल तात गएँ कुछ काल पुनि।

होइहहु अवध भुआल तब मैं होब तुम्हार सुत।।

प्रभु श्री राम अयोध्या में राजा दशरथ के यहाँ चैत्रमास की नवमी के दिन बारह बजे जन्म लेते हैं। मर्यादा पुरुषोत्तम नर लीला करने हेतु प्रकट हुये।

पक्षधर प्रवेश करता है विनम्र भाव शीश झुकाकर युगपुरुष से प्रश्न करता है-

प्रश्न-1 क्या राम कथा कपोलकल्पित है ?

प्रश्न-2 राम चन्द्र जी को कैसे मर्यादा पुरुषोत्तम राम कह सकते हैं जब उन्होंने स्वयं संवैधानिक नियमों का उल्लंघन किया।

- बालि का छिप कर बध करना

- राजमाता जनक नन्दनी अयोध्या की महारानी को गर्भावस्था में भाई लक्ष्मण के द्वारा जंगल हेतु निष्कासित करने को आदेशित करना।

- मेघनाथ के द्वारा किये जा रहे यज्ञ का विध्वंश करवाना।

- पंचवटी रावण की टेरीटरी में प्रवेश लेने के पूर्व अनुमति नहीं।

- रावण की बहिन सूपनखा को साथ लक्ष्मण के पास प्रणय निवेदन हेतु भेजना।

- जाबालि ऋषि के कथन का उचित उत्तर न देना।

- शम्बूक शूद्र ऋषि की तपस्या को भंग करना तथा उसका बिना किसी अपराध के वध करना।

महाराज क्या ये कार्य मर्यादा पुरुषोत्तम द्वारा किये गये उचित थे।

अर्जुन सम्राट - ये अनर्गल तथ्यहीन प्रश्नों के उत्तर देने का कोई औचित्य नहीं तुमने कथा में विघ्न डालने का अपराध किया है तुम्हें दण्ड मिलना चाहिये।

युगपुरुष - सम्राट - इसे क्षमा करें, ये अज्ञानी है, राम की महिमा का ज्ञान नहीं।

पक्षधर - ये तो राम के नाम पर राजनीति हो रही। सम्प्रदाय निरपेक्ष होते हुये भी सरकार राम का राजनीतीकरण कर रही है केवल वोट बैंक की राजनीति है। संत के खेमे भी आपस में सब

बंटे हैं कोई किसी राजनैतिक दल का समर्थक कोई किसी राजनैतिक दल का समर्थक है। संत महात्मा धर्म की आड़ में भोली भाली जनता को ठग रहे हैं।

आशा राम बाबू, राम रहीम, दांती महाराजा, कम्प्यूटर बाबा, राधे माँ आदि अनेक नाम हैं जो अपराधी सिद्ध हो चुके, जेल काट रहे ये कैसा देश है क्या ज्वलन्त प्रश्न देश के सामने नहीं है। इन प्रश्न के उत्तर दीजिये ?

जय श्री राम के नारे से कुछ नहीं होगा। ढोंगी बाबाओं का खेल खत्म हो।

दृश्य 4
चिंता की मुद्रा में

युगपुरुष तथा युगमाता मंच पर टहल टहल कर वार्ता कर रहे हैं, रात्रि के 11 बजे हैं। (घड़ी टन टन 11 बार बोलती है। घड़ी की टिक टिक की आवाज आ रही टिक ......)

युगपुरुष - देवी। आज का अखबार पढ़ा।

युगमाता - हाँ पढ़ा तो हैं।

युगपुरुष - तीसरे विश्व युद्ध का खतरा मंडरा रहा है।

युगमाता - जब व्यक्तियों का चिंतन दूषित हो जाता है, अपने लाभ की भावना घर कर जाती है। देश के राष्ट्र नायक अहंकारी हो जाते हैं तो तीसरा युद्ध होना स्वाभाविक है।

युगपुरुष - मैं तुम्हारे इस विचार से सहमत हूँ परन्तु हम क्या कुछ कर सकते है।

युगमा - तीसरा युद्ध सम्भावी है, कैसे रुकेगा। मैं भी नहीं जानती।

युगपुरुष - प्रयास करना तो मनुष्य का कर्तव्य है।

युगमाता - पर असुरों की सोच और है। आज भी सुर हैं, असुर हैं।

युगपुरुष - युद्ध विनाश करता है। चिंतन का विषय है।

युगमाता - कभी युद्ध अनिवार्य भी हो जाता है।

युगपुरुष - कैसी बात करती हैं युगमाता।

युगमाता - मैं ठीक कह रही हूँ। त्रेता में राम रावण का भीषण युद्ध हुआ। अनेकों योद्धा शहीद हुये। विधवाओं का क्रन्दन दुधमुंहे बच्चों का रुदन युद्ध विभीषिका के बारे में सोचकर मन काँप जाता है।

युगपुरुष - द्वापर में कौरव-पाण्डवों का युद्ध हुआ। जिसे युगपुरुष कृष्ण भी रोकने में असमर्थ रहे। अन्त में, पाण्डवों की विजय के उपरान्त द्रोपदी की मन:स्थिति पर विचार किया।

युगमाता - हिटलर ने कूरता की सभी सीमायें लाँघी थीं।

युगपुरुष - उसका परिणाम क्या हुआ, उसे आत्महत्या करनी पड़ी।

युगमाता - ऐसा करने के लिये क्यों विवश हुआ ?

युगपुरुष - क्यों हुआ ? युगमाता

युगमाता - प्रथम विश्व युद्ध 1914 से 1918 तक चला। सन् 1915 की वियना कांग्रेस में राष्ट्रीयता की भावना को दबाने के प्रयत्नों के बावजूद भी योरोपीय देशों में राष्ट्रीय भावना का तीव्र गति से विकास हुआ। इस भावना से प्रेरित होकर इटली और जर्मनी का एकीकरण हुआ।

युगपुरुष - इसीलिये यूरोपीय सन् 1870-71 में पश्चिमी राष्ट्र एक दूसरे को सशंकित दृष्टि से देखने लगे, अपने अपने हितों की रक्षा के लिये सैनिक शक्ति में अभिवृद्धि करने लगे। यह कहोगी।

युगमाता - हाँ यही कहूँगी। प्रथम युद्ध शुरुआत एक गलतफहमी की वजह से हो गयी।

युगपुरुष - क्या थी गलतफहमी ?

युगमाता - सन् 1914 में आस्ट्रिया के राज कुमार की सर्बिया की यात्रा करते हुये हत्या कर दी गयी और इसी घटना ने पहिले योरोप को और बाद में सम्पूर्ण विश्व को युद्ध की उस भयंकर अग्नि में धकेल दिया। जो विश्व इतिहास में प्रथम विश्व युद्ध के नाम से जाना जाता है।

युगपुरुष - उग्र राष्ट्रवाद फ्रांस की राज्य क्रान्ति ने यरोपीय देशों में राष्ट्रीयता की जो भावना जगायी थी, वह आगे चलकर अत्यन्त उग्र हो गयी, उग्र राष्ट्रीयता का नशा जर्मनी, फ्रान्स, इंग्लैण्ड आदि देशों पर चढ़ा वरन् यनान, सर्बिया आदि छोटे छोटे देशों पर भी चढ गया। बड़े राष्ट्र छोटे राष्ट्रों पर हावी होने लगे। छोटे राज्य भी बड़े राज्य बनने का सपना देखने लगे। अति राष्ट्रीयता के इस जहर ने योरोप में आवेशों को प्रचण्ड बना दिया।

युगमाता - आपने ठीक कहा- अति देशभक्त लोग अपने राष्ट्रीय सम्मान की गर्जना करने लगे।

अमृता महारानी का प्रवेश

अभिवादन के बाद।

अमृता महारानी-आप लोग किस विषय पर चर्चा कर रहे हैं ?

युगपुरुष - वर्तमान समय में तीसरे विश्व युद्ध के बादल मंडरा रहे हैं। इसके रोकने के लिये एक और राम चाहिए।

अमृता महारानी-श्रीमान-राजनीति, कूटनीति के अपने सूत्र होते हैं, उसी धुरी पर भावी नीति की संरचना होती है, भविष्य के गर्भ में क्या है, कोई नहीं जानता।

युगमाता - बेटी तुम ठीक कहती हो। हम लोग प्रथम विश्व युद्ध पर बात कर रहे थे, किन स्थितियों ने हिटलर को कूर बनाया। (ऊपर हवाई जहाज की आवाजें आ रहीं)

युगपुरुष - देखिये कोई राजनेता जा रहा है।

अमृता महारानी-राष्ट्र संघ की क्या भूमिका थी ?

युगमाता - प्रथम युद्ध में पेरिस में शांति सम्मेलन में 32 राज्यों के 70 प्रतिनिधि आये। 18 जनवरी, 1919 को पेरिस के निकट वर्साय नामक स्थान पर इस सम्मेलन की विधिवत् कार्यवाही प्रारम्भ हुई तथा शांति स्थापना के महान कार्य प्रयत्न किया जाने लगा। लेकिन उसमें कुछ नेता स्वार्थी भी थे।

युगपुरुष - बुडरो विल्सन एक आदर्शवादी नेता था। वह राष्ट्र संघ की स्थापना को ही शान्ति स्थापना व मानव जाति की रक्षा के लिये अनिवार्य समझता था।

महारानी अमृता-वर्साया संधि में जर्मनी के प्रति कुछ राष्ट्रों की दूषित भावना थी। जर्मनी ने संधि पर हस्ताक्षर न करने को कहा- लोयड जार्ज ने कहा - जर्मन लोग कहते हैं कि सन्धि पर हस्ताक्षर नहीं करेंगे। जर्मन राजनीतिज्ञ भी यही बात कहते हैं किन्तु हम लोग कहते हैं महानुभावों, आपको इस पर हस्ताक्षर करना ही है। यदि आप वर्साय में ऐसा नहीं करते तो आपको बर्लिन में करना होगा।

युगपुरुष - यहाँ तक नहीं, 28 जून, 1919 को कुछ फ्रेन्च लोगों ने जर्मन प्रतिनिधियों, पेरिस से वर्साय जाते समय पत्थर और गोलियों की बौछार से स्वागत किया।

युगमाता - तब जर्मन प्रतिनिधियों ने कहा हमारे प्रति जो उग्र घृणा की भावना फैलायी गयी उससे आज हम सुपरिचित हैं। मेरा देश दबाव के कारण आत्म समर्पण कर रहा है किन्तु जर्मनवासी यह कभी नहीं भूलेंगे कि यह अन्याय पूर्ण संधि है।

युगपुरुष - 1919 का बदला लेने तथा संसार के राष्ट्रों में जर्मनी को उपयुक्त स्थान दिलाने के लिये कृत संकल्प हो उठा। पूर्ववर्ती इतिहास और द्वितीय महा युद्ध इसका प्रत्यक्ष प्रमाण है।

दृश्य 5

युग पुरुष का मंच पर श्री राम जय राम श्री राम का कीर्तन करते हुये प्रवेश।

हवाई जहाजों के उड़ने की आवाज तेजी से आ रही है वह आकाश की ओर देख रहा। युगमाता आती है।

युगमाता - आर्य इस समय बड़ी अशांती जल रही है। अधिकांश देशों में गृह युद्ध चल रहा है। पड़ोसी देश आपस में लड़ रहे हैं। विश्व अब कई गुटों में बंट रहा है। शीत युद्ध चल रहा है।

युगपुरुष - देवी, सत्य कहा, गंभीर चिन्ता का विषय है द्वितीय युद्ध जैसा वातावरण बन रहा है।

युगमाता - द्वितीय युध के क्या कारण थे।

युगपुरुष - देवी। कई कारण थे। उस समय बड़ी विकट स्थिति हो गयी थी। साम्राज्यवादी सोच बढ़ रही थी। देश अपनी सीमाओं का विस्तार करना चाहते हैं। पूर्व में की गयी सन्धियों का कोई

पालन नहीं कर रहा था। राष्ट्र संघ के आदेशों की अवहेलना की जा रही थी। राष्ट्र संघ अपंग हो रहा था। अमेरिका कतिपय कारण से इसका सदस्य नहीं बन सका।

युगमाता - राष्ट्र संघ विश्व शांति स्थापना का प्रयास कर रहा था परन्तु दूसरी ओर कई देश उसके आदेश का महत्व नहीं दे रहे थे। 1939 से पूर्व ही जर्मन व इटली ने राष्ट्र संघ की स्थाई सदस्यता से त्यागपत्र दे दिया और यद्ध प्रारम्भ होने के बाद राष्ट संघ बिल्कल प्रभावहीन हो गया।

युगपुरुष - देवी आप ठीक कहती हैं। 27 अगस्त 1928 ई. को युद्ध त्याग संधि (कैलाग-ब्रिया पैक्ट) पर 50 राज्यों ने हस्ताक्षर बनाये। संयुक्त राज्य अमेरिका भी हस्ताक्षरकारी बना और राष्ट्र संघ के सदस्यों ने आशा की कि उनके द्वारा आक्रामक राज्यों के विरुद्ध अनुशासन लागू करने में संयुक्त राज्य अमेरिका कोई हस्तक्षेप नहीं करेगा। किन्तु सन् 1929 ई. के विश्व आर्थिक संकट ने उग्र राष्ट्रीयता को जन्म दिया, जिसके फलस्वरूप इटली में फासिस्टवाद और जर्मनी में नाजीवाद का उदय हुआ।

युगमाता - आपने सही कहा, जापान भी पीछे नहीं रहा। उसने सन् 1931 के सितम्बर में चीन के मंचूरिया प्रान्त पर अचानक हमला कर दिया लेकिन राष्ट्र संघ ने कोई कार्यवाही नहीं की।

युगपुरुष - अमेरिका का असहयोग रहा। राष्ट्र संघ की उत्पत्ति वर्साय सन्धि [से हुयी और यही उसके पतन का कारण भी सिद्ध हुयी। राष्ट्र संघ एक कुख्यात माँ की कुप्रतिष्ठित पुत्री अथवा बदनाम माँ से सम्मानित होती थी।

युगमाता - सदस्य राष्ट्रों की परस्पर विरोधी गतिविधियाँ जनतन्त्र एवं अधिनायक वाद दो विचारधाराओं के बीच का संघर्ष था। दो दुनियों के बीच समझौता नहीं हो सकता था। सर्वसत्ताधारी राज्य अत्यन्त महत्वाकांक्षी थे। रूस में अधिनायकवादियों की स्थापना के बाद साम्यवादी विश्व क्रान्ति की योजना में लगने लगे। इटली, अफ्रीका एवं भूमध्य सागर का सम्राट बनना चाहता था।

युगपुरुष - और मुसोलिनी प्राचीन रोमन साम्राज्य को पुन: स्थापना के स्वप्न देख रहा था। जर्मनी योरोप में सर्व शक्तिशाली देश बनना चाहता था। इटली, जर्मनी ने धुरी संगठन स्थापित किया। कालान्तर में इटली के साथ मैत्री संगठन स्थापित किया। मिलेट्री जनरल थापर का प्रवेश सादर अभिवादन के साथ।

थापर - आज कल विश्व में युद्ध की स्थितियाँ बन रही हैं। पड़ोसी राज्य आपस में लड़ रहे हैं।

युगपुरुष - मिस्टर थापर हम लोग अभी द्वितीय विश्व युद्ध के कारण पर चर्चा कर रहे थे।

थापर - सर, उस समय के प्रत्यक्षदर्शी कुछ लेखकों ने पुस्तकें लिखी हैं उसमें मानव कूरता का वर्णन मिलेगा।

युगपुरुष - कोई सोच नहीं सकता है कि इन्सान इतना गिर सकता है।

युगमाता - हिटलर ने यहूदियों का सर्वनाश करने में कोई कसर नहीं छोड़ी। वैज्ञानिक आइंस्टीन को मृत्यु दण्ड देना चाहता था परन्तु वह अमेरिका चला गया तथा अणु बम बनाने में उसका विशेष योगदान रहा। नाकाशाकी हिरोशिमा पर अणु बम का प्रयोग हुआ, जो विनाशकारी था। कहते हैं उसका प्रभाव बहुत बड़े क्षेत्र में हुये बम बार्डिंग के कारण वर्षों लोग पंगुता का शिकार हुये। शब्दों में उस समय का वर्णन नहीं किया जा सकता है।

थापर - जिसके कारण- सोवियत संघ रूस अमेरिका से सुपर हो गया। अमेरिका ने पूर्व में हुयी संधि का उल्लंघन किया, जो आगे चलकर शीत युद्ध में बदल गया।

प्रोफेसर ज्ञान का प्रवेश - (वेशभूषा- कोट पैन्ट पर अव्यवस्थित ढंग से पहिने हैं। दाढ़ी बढ़ी हुयी है।)

गुड इवनिंग एवरीबाडी

थापर - How are you Professor Gyan.

प्रो. ज्ञान - O.K. Fine, Sir You.

थापर - Well, we are discussing subject to IInd World War.

प्रो. ज्ञान - What need to about that-

थापर - What baseless question ?

प्रो. ज्ञान - Being Militery Officer, you always think about war.

थापर - Not at all, but during this era, we have to think about world politics & different types of unwanted disputes in every countries.

युगपुरुष - (प्रो. ज्ञान के कंधे पर हाथ रखते हुये) बेटा। तुम नव जवान हो तुमने जीवन में बहुत अध्ययन किया। तुम इतिहास के विद्यार्थी रहे। इतिहास से हमें भविष्य के लिये सीख नहीं लेनी चाहिए।

प्रो. ज्ञान - Why not

युगपुरुष - द्वितीय युद्ध के परिणाम हुये ? कितना विनाश हुआ।

प्रो. ज्ञान - सर, हिटलर तथा मुसोलनी ने नाजीवाद-फासिज्म के विचारों की आड़ में जो भ्रष्टाचार किये, जिसको शब्दों में बाँधा नहीं जा सका। तड़पा तड़पा कर आदमियों को मृत्यु देना।

युगपुरुष - जिसका परिणाम हिटलर को आत्महत्या के लिये विवश होना पड़ा तथा मुसोलिनी को जनता ने फाँसी पर चढ़ा दिया।

प्रो. ज्ञान - 1931-1932 में जापान ने मंचूरिया पर आक्रमण कर दिया और उस पर अधिकार कर लिया। चीन ने राष्ट्र संघ में जापान के आक्रमण के विरुद्ध शिकायत की। लिटिन आयोग नियुक्त किया परन्तु असफल

रहा। मंचूरिया को जापान से मुक्त नहीं कराया जा सका।

युगपुरुष - 1933 में हिटलर जर्मनी का तानाशाह बन गया। इटली, इथिलोपिया पर आक्रमण कर दिया। 1936 में योरूप दो शक्तिशाली गुटों में बंट गया। एक नेता फ्रांस तथा दूसरा जर्मनी। स्पेन में गृह युद्ध हो गया। इंग्लैण्ड ज्यादा दिन तक तटस्थ नहीं रह सका।

थापर - 1939 को पोलैण्ड नगर पर जर्मनी ने हवाई बमबारी की। इंग्लैण्ड तथा फ्रांस ने हिटलर को अन्तिम चेतावनी दी और जर्मनी से कोई उत्तर नहीं आया पर 2 दिन बाद 3 सितम्बर, 1939 को दोनों देशों ने जर्मनी के विरुद्ध युद्ध की घोषणा कर दी। इस घोषणा के साथ द्वितीय विश्व युद्ध प्रारम्भ हो गया।

प्रो. ज्ञान - देशों के अपने निहित स्वार्थों ने द्वितीय युद्ध को जन्म दिया है। मानवीय मूल्यों का क्षरण हो गया। आज भी कुछ हालात विश्व स्तर पर बन रहे जिससे तृतीय विश्व युद्ध होने की आशंका हो जाती है।

थापर - आपके कथन से मैं सहमत हूँ। कभी कभी सैन्य बलों का कुछ राष्ट्र दुरुपयोग करते हैं। सैन्य शक्ति बढ़ाना अच्छी बात परन्तु उसका दुरुपयोग करना गलत बात है।

प्रो. ज्ञान - अणु बम बनाना विज्ञान है और उसका कैसे प्रयोग किया जाये यह दर्शन है।

थापर - सिद्धान्त व्यवहार में अन्तर होता है।

युगपुरुष - दोनों एक दूसरे के अन्योनाश्रित हैं।

युगमाता - अर्थात् एक सिक्के के दो पहलू।

युगपुरुष - क्या हम तृतीय विश्व युद्ध रोक पायेंगे।

युगमाता - भविष्य के गर्भ में क्या है कोई नहीं जानता।

प्रो. ज्ञान - ज्यतिष क्या कहती है ? क्या ग्रहों की चाल है ?

थापर - ज्योतिष की अपनी सीमा। विज्ञान की भी सीमा है।

युगपुरुष - पर वह अनन्त है असीम है, उसके बताये रास्ते पर चलना चाहिये।

युगमाता - वह कौन है ? बतलायेंगे।

प्रो. ज्ञान - कोई नहीं, मनुष्य की कल्पना है, जिसका कोई अस्तित्व नहीं है।

युगपुरुष - मन-कल्पना से संसार चलता है।

थापर - हिटलर ने जुल्म ढाये तब कहाँ वो सो रहा था।

युगपुरुष - अरविन्द घोष ने आत्मिक शक्ति से उसे आत्महत्या को प्रेरित किया और उसने आत्म हत्या की।

प्रो. ज्ञान - यह बात विश्वसनीय नहीं है।

थापर - इसका, आदरणीय, कोई साक्ष्य देंगे। यह बात जनशुति है।

दृश्य 8

सायं 4 बजे मस्जिद से अजान की आवाज आ रही है। अल्लाहो अकबर मु. शेख अली नमाजी वेशभूषा में मंच पर आते हैं।

मंच पर मस्जिद के सामने तख्त पड़ा है। उस पर गद्दा, उस पर धुली सफेद चादर बिछी है, उस पर शेख अली बैठता है। माइक उनके सामने रखा वह प्रवचन करता है। ऐ खुदा नेक बन्दों-

अल्लाहो ……. लाइलाहा इल्लाल्हह।

नहीं है कोई अल्लाह के सिवा

खुदा से दुआ करें दुनियां में

अमन चैन कायम हो।

नेपथ्य

क्या तुमने डॉ. सलमान रुश्ती की किताब सैटेनिवरसेज पढ़ी नहीं तो अब पढ़ो अन्धविश्वास से निकलो।

जेहाद के नाम पर हमला करना काटमार मचाना क्या यही इस्लाम धर्म सिखाता है। क्या यही इस्लाम है। क्या दूसरे धर्मों को छोटा समझता है। क्या इस्लाम दुनियां में नफरत फैलाता है। शिया-सन्नी के मतभेद कौन बढाता है। ईशा नंदा के नाम पर शोषण करता है।

आतंकवाद के नाम पर रियाया पर जुल्म ढाये जा रहे हैं। बड़े बड़े देश दोहरी नीति चलते हैं। कहीं आतंकी संगठन का विरोध करते तो कहीं दूसरे आतंकवादी संगठन का समर्थन। धर्म के नाम पर सबसे ज्यादा युद्ध हुये।

डॉ. बेगम फातिमा का प्रवेश। वह बुर्के में हैं उनकी केवल आँखें दिखायी दे रही हैं। मु. शेख अली-मोहतरमा आपको नहीं आना चाहिए।

तुम लोगों का मस्जिद में प्रवेश वर्जित है।

बेगम फातिमा - जैसे सावरीमाता में स्त्रियों का प्रवेश वर्जित है। आज हम कहाँ से कहाँ आ गये, वैज्ञानिक युग में बदलते परिवेश में इस सोच को धिक्कारा जाना चाहिये था।

मु. शेख अली - अरसादराज से चली आ रही रस्मों को नहीं नकारा जा सकता है।

बेगम फातिमा - जनाब, औरतों के शोषण के बारे में क्या कहेंगे ? तीन तलाक कानून पर इतना हंगामा क्यों ?

डॉ. शेख अली - पुरुष प्रधान समाज है।

बेगम फातिमा - (ताली बजाते हुये) बहुत खूब शौहर बीवी पर जुल्म करता रहे और वह सहती रहे।

डॉ. शेख अली - तुम माननीय नरेन्द्र मोदी प्रधानमन्त्री भारत देश के बहकावे में आ गयी। शौहर को इज्जत दीजिये मोहतरमा।

फातिमा बेगम - शौहर इज्जत लायक तो बने। वह जुल्म करे, हम बीवियाँ सहन करती रहे।

डॉ. शेख अली - औरत आदमी में बड़ा फर्क है। आदमी जो कर सकता है वह औरत नहीं कर सकती है।

डॉ. बेगम फातिमा-औरत मर्द समान हैं। इनमें फर्क करना भारतीय संविधान का अनादर है।

डॉ. शेख अली - एक आदमी चार औरतों से यौन सम्बन्ध स्थापित कर एक अवधि में चार बच्चे पैदा कर सकता है परन्तु औरत तो एक ही बच्चा पैदा कर सकती है।

डॉ. बेगम फातिमा-बेशर्म, निर्लज्ज घटिया इन्सान, तू तो जूतों से मारने लायक है। यूनाइटेड नेशन्स की मानवाधिकार घोषणा पढ़।

डॉ. शेख अली - क्या है मैं भी तो जानें।

वह पुस्तक पढ़ती है-

The protection of human rights act, **1993**

Human Rights- means the right to life, liberty, equality and dignity of the individual guaranted by the Constitution or embeled. In the international covenents & enforceable by court.

1. Internation treaty.

2. International war

3. War prisioners

4. Retogage

5. Discrination of gender

6. Discrimination of cost

7. Population control

8. Dignity

9. Civil War

10. Slevery

11. Living will

आज क्या दुनियां के देश पालन कर रहे हैं। धर्म उन्माद इसका एक कारण है। यह कैसा भेदभाव। इसका उत्तर कौन देगा।

नैपेथ्य

मौलवी साहब मोहतरमा सही कह रहीं आप ऐसे लोग धर्म के नाम पर अपनी दुकानें चलाते हैं मासूम जनता को लूटते हैं।

डॉ. शेख - मोहतरमा आप जाइये। मुझे प्रवचन करने दीजिये।

डॉ. फातिमा - तू क्या उपदेश देगा। अल्लाताला कभी भेदभाव नहीं करता है सुनिये मानवाधिकार

L.B.G.T.Q. - Lisban, Bisexual Gay, trans gender, ques- के मध्य कोई भेदभाव नहीं है। पुरुष औरत को छोड़िये।

डॉ. शेख - रिवाज और रस्मों को न मानना जुर्म है जिसे वो कभी माफ नहीं करेगा। रसूल के बनाये उसूलों को इज्जत देना हम सब बन्दों का फर्ज है।

डॉ. फातिमा - तू यहाँ बैठा अइयासी कर रहा और देश में मुसलमानों की क्या दशा है जानता है। अगर है तू सच्चा मुसलमान तो लड़ मुसलमानों पर होते अत्याचारों पर।

डॉ. शेख - क्या कह रही लड़की

डॉ. फातिमा - सुन चीन सरकार ने 1960 में Chinese cultural revolution चीनी संस्कृति क्रान्ति ने मस्जिदों, मठों तथा मंदिरों को बलपूर्वक तोड़ा पुराने एवं रूढ़िवादी विचारों एवं संस्थाओं को खत्म करने के नाम पर लाल सेना (रेड आर्मी) ने धार्मिक उत्पीड़न का काम किया।

डॉ. फातिमा - जनाब और सुनिये 'ईरान' में क्या हुआ, जनाब, अयातुल्ला खुमानी ने महिलाओं पर प्रतिबंध लगाया। महिलाओं ने विरोध किया और विरोध वृहस्पतिवार को काला बुर्का की जगह सफेद बुर्का पहिना।

डॉ. शेख - खामोश बदजुबान लड़की तेरी जीभ काट लेंगे।

डॉ. फातिमा - और कर भी क्या सकते हैं। माशिह अली ने Online Movement' my slavery freedom

डॉ. शेख - कुछ लोग हैं बेधर्मी काफिर जो इस्लाम के विरुद्ध काम करते हैं। दोजक में जायेंगे।

डॉ. फातिमा - जनाब जन्नत में ऐश करेंगे। बहुत खूब। दुनिया बदल रही है। अब लैंगिक भेद नहीं किया जा सकता है।

डॉ. शेख - आप लोग अपने आपको क्या समझती हैं?

डॉ. फातिमा - जनाब मैं देश दुनियां की खबर रखती हूँ।

वह श्वेत वस्त्र धारण किये हुये हैं।

ऊँची आवाज में गर्जना के साथ - अमृता महारानी भोली के साथ का प्रवेश

अमृता महारानी-(हाथ उठाते हुये) डॉ. मु. शेख औरत की इज्जत कर। इसी ने तुझे जन्म दिया है।

मु. शेख - महारानी माफी ये बदजुबान लड़की इस्लाम के विरुद्ध बोल रही थी। पुरानी रस्मों रिवाज के खिलाफ आवाज उठा रही थी।

अमृता महारानी-तो तुम सब पत्थरों से मारोग। अपमानित करोगो। मैं तुमको अपने राज्य में रहने दूंगी। तुम भेदभाव करो।

मु. शेख - तुम न इस्लाम धर्म को मानते हैं और न भारतीय संविधान को।

भोली - कुर्सी रखते हुये महारानी को बैठने के लिये प्रार्थना करती है। कुर्सी पर बैठते हाँ बेटी बतला क्या मामला है।

डॉ.फातिमा बेगम-माताजी मैं बेकसूर हूँ। मैंने कुछ प्रश्न किये तथा ये जो उपदेश दे रहे थे वो पाक इस्लाम भारतीय संविधान तथा मानवाधिकार के विरुद्ध थे।

महारानी अमृता-श्रेष्ठ उपदेशक डॉ. मु. शेख साहब डॉ. फातिमा तथा सभी उपस्थित जन को मेरा यथायोग्य सादर अभिवादन

उपदेश - संसार में अच्छी व्यवस्था स्थापित हो इसलिये दिया जाता है। जब उपदेशक स्वयं भ्रमित हो जाये, वो समाज, देश तथा विश्व में अराजकता पैदा हो जाती है। जब अराजकता उत्पन्न हो जाती है तब सारी व्यवस्थायें छिन्न-भिन्न हो जाती है। अत्याचार, दुराचार, हिंसा, लूट-पाट, भ्रष्टाचार का जन्म हो जाता जिससे गृह युद्ध यहाँ तक विश्व युद्ध की भी सम्भावना उत्पन्न हो जाती है।

डॉ. फातिमा - महारानी ठीक फरमा रही हैं करतल ध्वनि से स्वागत करें। तालियाँ बजती एक मिनट तक

नेपथ्य - भारत की विद्वान गार्गी, माँ सीता, माँ भारती, झाँसी की रानी लक्ष्मी बाई, डॉ. लक्ष्मी सहगल, मदर टेरेसा, श्रीमती गाँधी तथा अन्य देशों में फ्लोरेंस नार्टिंगल आदि स्त्रियों ने विश्व में अपने कर्तव्यों का पालन करते हुये उन्होंने हमारे सामने कर्तव्यों का प्रकाश पुन्ज प्रस्तुत किया जो अनुकरणीय भारत माता की जय हो, बन्दे मातरम 3

डॉ. मु. शेख - हम वन्दे मातरम नहीं कह सकते।

बेगम फातिमा - क्यों नहीं कह सकते। इस्लाम में वतन के लिये मर मिटने को कहा है।

नेपथ्य से - अल्लाह ओ अकबर 4 - जय श्री राम -4

महारानी अमृता-शांत शांत शांत, आज की आवश्यकता- सबका साथ सबका विकास-

नेपथ्य से - ये माननीय दामोदर दास नरेन्द्र मोदी भारत के प्रधान मन्त्री की समर्थक हैं। और डॉ. मु. शेख क्या राहुल के समर्थक हैं।

समर्थक किसी का हो पर संयमित भाषा का प्रयोग करना चाहिये।

जै श्री राम 3

अल्लाह हो अकबर 3

नेपथ्य से - ये दोनों ताकतें मिल जायें धरती स्वर्ग बन जायेगी।

एक दिन एक और राम धरती पर आयेगा, रोशनी फैलायेगा, अंधेरा मिटायेगा। तेज रोशनी होती है। फिर मंच पर अंधेरा हो जाता है।

दृश्य 9

प्रात: 5 बजे हैं। चिड़ियों के चहचहाने की आवाजें आ रहीं। मंदिर में राम धुन हो रही है। धीरे-धीरे आवाजें धीमी होती जाती फिर शांत।

नैपत्थ्य से

भारत का संन्यासी राम कृष्ण परमहंस का प्रिय शिष्य स्वामी विवेकानंद ने 11 सितम्बर, 1893 में शिकागो की विश्व धर्म महासभा में व्याख्यान देकर पूरे विश्व को आश्चर्य चकित कर दिया उसका करतल ध्वनि से दो मिनट स्वागत हुआ। कृपया ध्यान से सुनिये।

भाईयों और बहनों।

करतल ध्वनि एक मिनट तक

संसार के प्राचीन महर्षियों के नाम पर मैं आपको धन्यवाद देता हूँ तथा सब धर्मों की माता स्वरूपा हिन्दू धर्म एवं भिन्न भिन्न सम्प्रदाय के लाखों करोड़ों हिन्दुओं की ओर से भी धन्यवाद प्रकट करता हूँ।

मुझको ऐसे धर्मावलम्बी होने का गौरव है जिसने संसार को सहिष्णुता तथा सब धर्मों को मान्यता प्रदान करने की शिक्षा दी है। हम लोग सब धर्मों के प्रति केवल सहिष्णुता में ही विश्वास नहीं करते वरन् समस्त धर्मों को सच्चा मानकर ग्रहण करते हैं। मुझे ऐसे देश का व्यक्ति होने का अभिमान है जिसने इस पृथ्वी की समस्त पीड़ित और शरणागत जातियों तथा विभिन्न धर्मों के बहिष्कृत मतावलम्बियों को आश्रय दिया है। साम्प्रदायिक, संकीर्णता और इनसे उत्पन्न भयंकर धर्म विषयक उन्मतता इस सुन्दर पृथ्वी पर बहुत समय तक राज्य कर चुकी है। इनके घोर अत्याचारों से पृथ्वी भर गयी है, इन्होंने अनेक बार मानव रक्त से धरती को सींचा, सभ्यता नष्ट कर डाली और समस्त जातियों को हताश कर डाला। यदि यह सब न होता तो मानव समाज की आज की अवस्था से कहीं अधिक उन्नत हो गया होता। पर उनका भी समय आ गया है और मैं पूर्ण आशा करता हूँ कि जो घण्टे आज सुबह इस सभा के सम्मान के लिये बजाये गये हैं, वे समस्त कट्टरताओं, तलवार या लेखनी के बल पर किये जाने वाले समस्त अत्याचारों तथा एक ही लक्ष्य की ओर होने वाले मानवों की पारस्परिक कटुताओं के लिये मृत्युनाद सिद्ध होंगे।

अर्जुन सम्राट, मिलेट्री जनरल थापर के साथ मंच पर आता है। बैण्ड ध्वनि बज रही है। महाराज की जय महाराज की जय हो।

अर्जुन सम्राट - हाथ उठाकर अभिवानद करते।

नैपथ्य से महाराज की जय हो। हमारा नायक कैसा हो। अर्जुन सम्राट जैसा हो।

पाँच कुर्सियाँ हैं दो कुर्सी उत्तम कोटि की हैं। एक कुर्सी पर सम्राट अर्जुन बैठे हैं, शेष एक कुर्सी खाली है।

अर्जुन सम्राट को थापर फाइल दिखाता है।

महाराज - हमारे राज्य के दक्षिण में भयंकर आपदा आयी। बाढ़ के भयकर तूफान चक्रवात आया है। विदेशों से सहायता के प्रस्ताव आ रहे। आपकी आज्ञा है।

अर्जुन सम्राट - विदेशी सहायता नहीं लेगें।

थापर - श्रीमान् क्यों नहीं।

अर्जुन सम्राट - विदेशी लोग स्वार्थवश सहायता करते और अपनी स्वयं सिद्ध करते हैं, उनकी कलुषित मानसिकता होती है, वैसे हम सक्षम हैं। यथासम्भव पूरी सहायता दी जाये बिना किसी भेद भाव के।

दृश्य 10

मंच पर तख्त पड़ा है। उस पर एक चौकी के ऊपर धार्मिक पुस्तक रक्खी। पीछे भगवान राम का बड़ा चित्र है। नेपथ्य से- महान विद्वान धर्मज्ञ आदरणीय युग पुरुष पधार रहे हैं। अपने स्थान पर खड़े होकर स्वागत करें। जय श्री राम ....

वह आते हैं तख्त पर व्यासपीठ पर आसान ग्रहण करते हैं। माइक ठीक करते हैं।

नेपथ्य - व्यास पूजन कीजिये।

युगमाता, अर्जुन सम्राट, अमृता रानी पक्षधर बेगम फातिमा, माइकल, लिली, भोली, थापर, डॉ. शेख अली, प्रोफेसर ज्ञान कम से पुष्पहार व्यास पीठ पर बैठ युगपुरुष के गले में डालते हैं।

नेपथ्य से - यह कैसा वातावरण जहाँ राम कथा को सुनने के लिये सभी जाति धर्म तथा रंक से राजा तक आये मूर्ति के विरोधी तथा समर्थक भी आये हैं। प्रवचन का विषय है एक और राम प्रवचन प्रारम्भ के पहिले

श्री गुरु चरनसरोज रज- निजमनमुकरू सधारि।

वरनऊँ रघुवर विमल जल, जो दायकु फल चारि।

बुद्धि हीन तनु जानिके, सुमरौं पवन कुमार।

बल बुद्धि विद्या देहु मोहि हरहु कलेस विकार।

नेपथ्य से - सर यहाँ और लोग बैठे हैं जो हिन्दी नहीं जानते। कृपया अंग्रेजी में अनुवाद करें। युग पुरुष अंग्रेजी नहीं जानता देखा अब क्या होता है। खिल्ली उड़ेगी।

युगपुरुष - My dear intelligent audience, it's O.K. I translate.

Polishing the mirror of mind with the pollen dust of Shri Ram Guru's Lotous, feet. I hereby proceed to narrate unblemished glory of Sri Ram the bestowr of forfold accomplishments (Dharm, Arth Kan, Mokasa)

One thing I want to say with great honour, please don't disturb during my pravachan, later on I will answer you whatever you like to ask the question.

नेपथ्य से - यह बुड्ढा अंग्रेजी जानता है। इसके बाद और पूँछेगे। बहुत ज्ञानी बना फिरता है। राम की कथा के नाम पर जेब भरता है। नहीं कुछ, सचे लोग भी हैं जो परोपकार करते हैं यह वास्तव में विद्वान हैं/थे तो दशरथ नंद राम की बात करेंगे।

शांत शांत

युगपुरुष - राम के जन्म की कथा कहूँ उसके पूर्व राम के चरित्र व नाम की महत्ता पर प्रकाश डालूँगा।

चरितं रघुनाथस्य, शतकोटिप्रवित्तरम्।

एकैकभक्षरं पुसां महापातकनाशनम्।

The expansion of Shri Raghunath's character is hundred crore and its each and every letter is the destroyer of human being's deadly sins.

राम कथा की महिमा अनंत है जिसका वर्णन शब्द विधान से नहीं किया जा सकता है, शिवजी ने माँ पार्वती को राम कथा सुनाई शिवजी ने काक भुसुण्ड जी को भी सुनाई। काक भुसुण्ड जी ने याज्ञवल्क्य को सुनाई, याज्ञवल्क्य ने भरद्वाज जी को सुनायी, काक भुसुण्ड जी ने गरुड़ जी को सुनाई, संत तुलसी ने वह कथा जनमानस को सुनाई यह अमर कथा है।

अब प्रश्न उठता है राम कथा क्या जो अनंत काल से कही जा रही। सनातन धर्म का सारतत्व है। सर्वेभवन्तु सुखन सर्वेसन्तनिराम या। सर्वेभद्राणि पश्चन्तु सर्वे सन्तु निरामया।

Have this feeling all should be happy & healthyno one should suffer in the last.

सभी के प्रति मंगल कामना का आशय जड़ चेतन से है मंगल कामना व्यक्त करना। इसी सन्दर्भ में संत तुलसी सारभौमिक सत्य को उजागर करते हुये राम चरित मानस के बाल काण्ड के 139 दोहे के बाद पाँचवीं चौपाई लिखी है जो अत्यन्त महत्वपूर्ण है हरि अनंत हरि कथा अनंता। कहहि सुनहि बहु विधि संता। इस चौपाई से स्पष्ट है। समय काल परिस्थिति के अनुसार विभिन्न रूप में वह अवतरित होता है। कभी राम के रूप में कभी कृष्ण के रूप, कभी गौतम बुद्ध के रूप, कभी मूसा के रूप में कभी जेसिस क्राइस्ट के रूप कभी हजरत मुहम्मद साहब के रूप में और युग की माँग के अनुसार लीला करते हैं और वो मूल तत्व राम में विलीन हो जाता है।

नेपथ्य से - आचार्य प्रवर आप बड़ी अटपटी बात कह रहे हैं। अवतार वाद की संकल्पना वेदव्यास कृष्ण द्वैपायन की न कि वेदों की।

अर्जुन सम्राट - मेरा आदेश कोई भी राम कथा में व्यवधान नहीं डालेगा, अन्यथा दण्ड पाने का अधिकारी होगा।

नेपथ्य से - और क्या राम के नाम गोली चलवा दो, गोधरा काण्ड करवा दो, हिन्दू मुस्लिम लड़वा दो।

अर्जुन सम्राट - मर्यादा की सीमा मत लाघों वरना।

थापर - आप सभी को सचेत किया जाता है कोई राम कथा के समय विघ्न डालेगा तो उसके विरुद्ध आवश्यक कार्यवाही की जायेगी।

माईकल - (खड़े होकर) श्रोताओं के सम्मुख

We should listen the story of Ram Chandraji. Understand who is one more Ram. Listen & keep patain.

लिल्ली - I do agree. Later on, other orators of different religions, will explain about their views.

प्रो. नलिन - We should follow path of light & love. Please keep quite & attentively hear, the story of Ram.

लिल्ली - God is one but we see in our own view. God is omnipresent, omnisecient.

नेपथ्य - We do agree with this view. Please excuse us & continue- Story of Ram.

युगपुरुष - प्रिय आत्म, मैंने अवतारवाद की बात की- कई प्रश्न उठे जो स्वाभाविक हैं। सर्वप्रथम ईश्वर तर्क का विषय नहीं है। विश्वास का विषय। जब हममें विश्वास जागता है तो संकल्पशक्ति का जागरण होता है और अपनी इच्छा की तीव्रता से उसकी पूर्ति करते हैं। विश्वास मन की एकाग्रता से ऊर्जा का संचयन होता है जो सिद्धि प्रदान करती यह मनोविज्ञान इसको भी एक और राम समझने के लिये समझना होगा।

आज की कथा को विश्राम दिया जाता है। आरती युग पुरुष करते हैं। राम के चित्र की - बार बार आरती उतारते हैं।

ॐ के आकर में चरण की 2 बार मध्य भाग की चार बार एक बार मुख की तथा सात बार पूरे राम की।

श्री राम चन्द्र कृपालु भजु मन हरण भवभय दारूणं।

नवकंज लोचन कंजमुख, कर कंज, पद कंजारूणं।।

कंदर्प अगणित अमित छबि, नवनील नीरज सुन्दरम।

पटपीत मानहु तड़ित रुचि सुचि नौमि जनक सुतावरं।।

भजु दीन बन्धु दिनेश दाव दैत्य वंश निकंदनं।

रघुनन्दन आनंदकंद कौशलचन्द दशरथ-नंदनं।।

सिर मुकुट कुंडल तिलक चारू उदार अंग विभूषणमं।

आजानुभुज शरूचाप संग्रामजित, खरदूषणं।।

इति वदति तुलसीदास शंकर शेष मुमिमनरंजनमं।

मम हृदय कंज निवास कुरू, कामादि खलदल गंजनम।।

मनु जाहि राचेउ मिलहि सो बरू सहज सुन्दरसांवरो।

करूना निधान सुजान सीलु सनेहु जानतरावरो।

ऐहि भाँति गौरि असीस सुनि सिय सहित हिंय हरषी अली।

तुलसी भवानिहि पूजि पुनि पुनि मुदित मन मंदिर चलीं।

-जानि गौरि अनुकूल सिय हिय हरषु न जाई कहि।

मंजुल मंगलमूल बामअंग फरकन लगे।

सियावर रामचन्द्र की जय।

थाली में रखे बताशों का भोग युगपुरुष लगाते हैं। हाथ जोड़ते। प्रभु अपनी सूक्ष्म तरंगों से प्रसाद समस्त प्राणियों को वितरित करें मेरा विश्वास है आपने ग्रहण कर लिया।

प्रसाद को आशीर्वाद दें जो ग्रहण करें उसका कल्याण हो।

नेपथ्य से - सभी भक्तजन प्रभु श्री राम का प्रसाद लेकर जायें। प्रसाद वितरण भोली कर रही है।

नेपथ्य से - जय श्री राम जय श्री राम जय श्री राम का घोष करते हैं। धर्म की जय हो, अधर्म का नाश हो, प्राणियों में सद्भावनाओं विश्व का कल्याण हो।

दृश्य 11
सायं 5 बजे

घड़ी की टिक टिक की आवाज हो रही हैं।

5 बजे घण्टे 5 बार बजते हैं। मंच पर हल्की रोशनी है।

मंच पर व्यास पीठ बनाई गई है। उस पर युग पुरुष बैठे हैं। उनके सामने गीता पुस्तक रक्खी है माईक रक्खा है।

नेपथ्य से - कथा प्रारम्भ होने जा रही है। कपया अपना स्थान ग्रहण कर लें। शांति का परिचय दें। कुछ क्षणों के उपरांत अन्तराष्ट्रीय ख्याति प्राप्त युग पुरुष के मुखारबिन्दु से प्रकट कथा का अमृत पान करेंगे।

और आज वह विश्व युद्ध के मंडराते बादलों को दूर करने के लिये एक और की कथा कहेंगे।

सभी श्रोतागण इस पावन कथा का पालन मन कर्म वचन से करेंगे उनकी सभी मनोकामना पूर्ण होंगी।

जय श्री ॐ। जय श्री राम - तीन बार

धीरे धीरे प्रकाश बढ़ता है- युग पुरुष पर प्रकाश पड़ता है और वह प्रकाश के गोल घेरे में है और वह धीरे चलकर मंचासीन होते हैं।

युगपुरुष - (आँख बंद करके प्रार्थना करते हैं) सर्वप्रथम ॐ .... 2 मिनट ॐ

गं गणपताये नम: गुरू वन्दना

गुरुब्रह्म गुरूविष्णु, गुरुर्देवो महेश्वरा।

साक्षात परम ब्रह्म तस्मै श्री गुरुवे नम:।।

गुरु गोविन्द दोउ खड़े काके लागूं पांव।

बलिहारी गुरु आपने गोविन्द दियो बताये।।

अखण्ड मण्डलाकारम व्यप्तेन चराचरम त्वपदम्

दर्शनम् तस्मै श्री गुरुवे नम:।

वसुदेव सुतम, देव कंस चाणूर मर्दनं।

देवकी परमानंदकृष्णम् वन्दे जगत गुरुम।

कण-कण में व्याप्त- परम पिता परमात्मा की सन्तानों, सुधी श्रोतागण प्रिय आत्म- आज मैं राम कथा के साथ मुझसे पूछे गये प्रश्नों का उत्तर भी दूंगा।

ॐ राम, कृष्ण, रहीम, अल्लाह, गाड, सत्य, न्याय, शून्य, आगार, साकार तथा निराका सभी पूज्य हैं तथा एक दूसरे के पर्याय हैं यहाँ से मेरी राम कथा प्रारम्भ होती है।

नेपथ्य से - महाराज आप हम लोगों को कौन सी कथा सुना रहे हैं। रामायण, गीता, कुरान तथा बाईबिल की। विरोधाभास छोड़िये। ये बोरिंग कथा नहीं सुननी।

युगपुरुष - सत्य को जानने के लिये बड़े धैर्य, साहस तथा संयम की आवश्यकता होती है।

कथा का उद्देश्य, मनोरंजन मात्र नहीं होते मनोरंजन के माध्यम से ही मन की गहराईयों में उतरा जा सकता है।

प्राय: सभी धर्मों के लोग कहते हैं कि परमात्मा एक है और सभी मनुष्य आपस में भाई भाई हैं परन्तु प्रश्न उठता है कि वह परमात्मा कौन है? प्राय: सभी धर्म के अनुयायी निराकार ब्रह्म - परमात्मा को ही किसी न किसी रूप में याद करते-पूजते हैं भारतवर्ष में अनेकानेक तीर्थस्थल हैं। कोई शिव रूप कोई राम के रूप में कोई कृष्ण के रूप में कोई देवी के रूप में यहाँ तक कुछ लोग रावण और महिषासुर को भी पूजते हैं।

मुस्लिम धर्म के अनुयायी भी अल्लाह को नूरे इलाही मानते हैं। नूर अर्थात् प्रकाशस्वरूप। यूसा के भी दिव्य प्रकाश का दर्शन हुआ था, जिसे वे जिहोवा के नाम से सम्बोधित करते थे। ईसामसीह ने भी परमात्मा को 'गाड इज लाइट' गुरु नानक भी परमात्मा को निराकार व अजोगणी साहब के शब्द से सम्बोधित करते थे। पावन गौतम बुद्ध धर्म के अनुयायी भी लिंग प्रकाश की प्रतिमा रखकर ध्यान करते हैं। यद्यपि गौतम बुद्ध नास्तिक वह ईश्वर पर विश्वास नहीं करते हैं परन्तु सनातन धर्म में उन्हें विष्णु का अवतार स्वीकार है।

महावीर स्वामी भी ज्योतिस्वरूप पर अपना ध्यान एकाग्र करने के लिये कहते थे। इसी प्रकार मिस्र यूनान व रोम में शिव को शिउन कहा जाता है।

यदि सभी धर्मों के अनुयायी यह बात जानते हैं कि सभी के परमपिता परमात्मा निराकार ज्योति स्वरूप ही है तो संसार में धर्म के नाम पर लड़ाई झगड़े आदि न होते और आपस में प्रेम व भाई चारे के साथ रहते।

मन-कल्पना का घर है, कल्पना इच्छा से जुड़ी होती है। मन की गति की तुलना किसी से नहीं की जा सकती है यही युग निर्माण करती है। हम सभी तीसरे आयाम में रहते हैं यदि हमें तीसरे आयाम की देहरी को लाँघौ है तो हमें अपना अहंकार का त्याग करना होगा और सभी को उसी ईश्वर तत्व को देखना होगा यह अत्यन्त कठिन है पर हर धर्म में इसे सूत्र वाक्यों में पिरोकर बताया गया। इन्हीं रत्नों को सहेजनी कला उपासना है। वह आपसे अलग नहीं आप उसे अपने से अलग करते हैं।

सार तत्व इतना प्रार्थनायें आत्मा की भाषा है।

विश्व को तलवार से नहीं प्रेम से जीता जा सकता है।

अज़ान नमाज के समय का ऐलान है।

अज़ान के बोल-

अल्लाहो अकबर अल्ला हो अकबर अल्ला हो अकबर अल्ला हो अकबर

(ईश्वर (अल्ला) ही महान है।)

अश्शहदु अल्ला इलाहा इल्लल्लाह।

अश्शहदु अल्ला इलाहा इल्लाल्लाह।

(मैं गवाही देता हूँ कि ईश्वर के सिवा कोई भी पूज्य प्रभु नहीं है) अश्शहदु अनन मुहम्मदर्रसूलुल्लाह।

(मैं गवाही देता हूँ कि मुहम्मद ईश्वर के सन्देष्टा हैं।)

हय्या अलस्सालह, हय्या अलस्सलाह।

(आओ नेकी की ओर)

हय्या अलल फ़लाह हय्या अलल फलाह

(आओ सफलता एवं कल्याण की ओर)

अल्ला हो अकबर, अल्ला हो अकबर

(ईश्वर ही महान है)

लाइलाहा इल्लल्लाह।

(ईश्वर के सिवा कोई पूज्य प्रभु नहीं है)

दृश्य 12
मस्जिद से आवाज आती है

अजान नमाज के समय का एलान है।

अजान के बोल-

अल्ला हो अकबर अल्ला हो अकबर अल्ला हो अकबर अल्ला हो अकबर

(ईश्वर (अल्ला) ही महान है।)

अश्शहदु अल्ला इलाहा इल्लल्लाह।

अश्शहदु अल्ला इलाहा इल्लाल्लाह।

(मैं गवाही देता हूँ कि ईश्वर के सिवा कोई भी पूज्य प्रभु नहीं है) अश्शहदु अन7 मुहम्मदर्रसूलुल्लाह।

(मैं गवाही देता हूँ कि मुहम्मद ईश्वर के सन्देष्टा हैं।)

हय्या अलस्सालह, हय्या अलस्सलाह।

(आओ नेकी की ओर)

हय्या अलल फलाह हय्या अलल फलाह

(आओ सफलता एवं कल्याण की ओर)

अल्ला हो अकबर, अल्ला हो अकबर

(ईश्वर ही महान है)

लाइलाहा इल्लल्लाह।

(ईश्वर के सिवा कोई पूज्य नहीं है)

बादल कड़कने अचानक की भयंकर आवाजें आती (चीखने चिल्लाने की आवाज आती)

एक सूफी संत-चिमटा बजाते हुये अल्ला हूँ अल्ला हूँ ....

ऐ मौला दुनियाँ के रखवाले बचा ले अपनी दुनियाँ। रहम कर। ऐ मालिक रहम कर। अपनी रोशनी से इस जहाँ को रोशन कर।

आवजे धीरे 2 शांत होने लगती है।

शेख अली (खलीफा) का प्रवेश

शेख अली (खलीफा), वाले हुक्म सलाम

सूफी संत - सलाम वाले हुकम

शेख अली (खलीफा) - आप नमाज नहीं पढ़ते यही चिल्लाये करते हैं अल्ला हू अल्ला हू। ये क्या है आप दोजख में जायेंगे।

सूफी संत - तुम अपने बारे में सोचों

शेख अली (खलीफा) - हद हो गयी मस्जिद नहीं जाते हैं। मैं पाँचों वख्त की नमाज पढ़ता हूँ।

सूफी संत - ठीक सुन मैं घटना बताता हूँ।

एक महान सिद्ध जुनैद एक नगर के मौलवी के घर ठहरे हुये थे। जुनैद खुदा के बन्दे थे और पूर्ण गुरु थे। वह कभी मस्जिद नहीं जाया करते थे। मौलवी साहब बहुत बार उनसे मस्जिद चलने को कहा परन्तु जुनैद सदा हँसकर बात टाल जाया करते थे। एक दिन धार्मिक उत्सव हो रहा था जिसमें सैकड़ों लोग नमाज पढ़ने के लिये एकत्र हुये। इस बड़े दिन पर मौलवी ने जुनैद से मस्जिद चलने का इतना आग्रह किया कि जुनैद टाल न सके। उन्होंने कहा ठीक है। सभी स्थान एक से ही हैं इसलिये मेरे लिये जैसे यहाँ वैसे वहाँ मुझे कोई अन्तर नहीं पड़ता कि मैं कहाँ हूँ। जुनैद की दृष्टि सही थी। वे तो हर समय भगवान के प्रेम मस्त रहते थे इसलिये उनका हर क्षण नमाज में बीत रहा था। वह गये। जैसे ही मौलवी नमाज पढाने लगा। जनैद ने पेट भैंस की आवाज निकाली। सब दंग रह गये।

नमाज पढ़ाते समय मौलवी भैंस के बारे में सोच रहा था। जनाब शेख अली खलीफा उसे तुम क्या समझेगा। वह सबका मालिक है बेमतलब की जिद मत करना।

सुन ऐ खलीफा वह धर्म से पहिले आया है। उसमें दुनियाँ के धर्म समाये हैं। अल्ला हूँ अल्ला हूँ ....

हिन्दूवेश धारी साधू का प्रवेश- संत को देखते-प्रणाम

सूफी संत - प्रणाम आचार्य प्रवर। कहाँ तक पहुँचे।

हिन्दू वेशधारी साहू-रास्ते में हूँ।

सूफी संत - मैं भी रास्ते में हूँ पर ये शेख रास्ता भटक गया है।

हिन्दू वेशधारी साधू - उसको परमात्मा को अपने बाहर देखना मूर्खता है और कुछ नहीं।

सूफी संत - सत्य परमात्मा समझ में है अर्थात् परमात्मा तुम्हारे अन्दर है।

शेख खलीफा - आप सभी दोजख की आग में झोंके जाओगे तब पता चलेगा।

सूफी संत - अल्ला हो 2

हिन्दू वेशधारी साधू - श्री राम जय राम श्री राम जय राम

दृश्य 13

नेपथ्य

यद्यपि यह सत्य है - मनुष्य के जीवन का उद्देश्य शांती है सृजन है, चतुर्मुखी उन्नति, आपसी सौहार्द उस परम सत्ता पर विश्वास परन्तु वह जब निजता के अहंकार से ओत प्रोत होकर विनाशकारी सोच से एक ऐसी दुनियाँ निर्माण करता है उस समय एक का दूसरे समूह का पीड़ित होना स्वाभाविक है। ये चेष्टायें मनुष्यों को असामाजिक मृत्यु के द्वार पर जाकर खड़ा कर देती है। हर ओर त्राहि त्राहि मच जाती है। एक दूसरे के खून के प्यासे हो जाते।

बादल गरजने की आवाजें आती हैं। सागर में तूफान तथा तेज हवायें को शोर।

त्राहिमाम 3, रक्षा कीजिये

युगपुरुष - सत्य तो यह है कि हर मनुष्य की अन्तर-आत्मा हो सबसे महान और परम प्रेम योग्य है। आत्मा में ही सब कुछ समाया हुआ है। इस अखिल ब्रह्माण्ड की सृजनात्मक शक्ति हमसे हर एक के अन्दर विद्यमान है, जो दिव्य तत्व इस जगत का सृजन और उसका पालन करता है वही हमारी आत्मा के रूप में हमारे अन्दर में स्पन्दनमान है। वह हमारे हृदय में जगमगाता है और हमारी सभी इन्द्रियाँ प्रभासित हैं, बाह्य जगत के ज्ञान की खोज में लगे रहने के स्थान पर यदि हम अन्तर ज्ञान प्राप्त करने का यत्न करें तो उस तेज को शीघ्र ही खोलेंगे।

जब हम इन्द्रियों से हीन वाली अनुभूति से परे शून्य में प्रवेश करते जहाँ से सच्चे ज्ञान की प्राप्ति है, जहाँ कल्पना का प्रवेश स्वाभाविक रूप से समाप्त हो जाता है इसी स्थिति के स्वयं का साक्षात्कार करते यहीं से प्रारम्भ होता है- एक नया संसार- उस समय की इच्छा भौतिक रूप में मूर्तिवत् है वह इच्छा सकारात्मक हो सकती है, वह नकारात्मक हो सकती है। उस तेज को उस ऊर्जा का परम सत्य कहते हैं। उसके अंश सभी धर्मों का सूत्रपात है भौतिक जगत में प्रकाशित है अपनी अपनी कल्पनाओं के आधार पर हम भिन्न रूप में उसका दर्शन करते हैं जो सृष्टि का सृजन करता है। यही एक और राम जो कणकण में व्याप्त है, अजन्मा है और सृष्टि का सृजन, पालन, विनाश करता है।

यही सभी धर्मों का मूल है

एक और राम

वह सुबह, दोपहर हर पल साम, काम धाम आजकल सब में समाया अजन्मा

एक और राम

विश्व कल्याण की कामना के साथ जय श्री राम

एक और राम

नाटक

सुनती हो।

पंडित - अरे सुनती हो, अरे सुनती हो, सुनती हो, पंडताइन, का बहिरी हुई गयी हो।

पंडिताइन - का है काहे उत्ती देर से चिल्लाये जा रहे हो काहे का बात है।

पंडित - अरे, तनिक बड़ी बहू के यहाँ हो आई।

पंडिताइन - काहे बहुरिया के बिना चैन नहीं पड़ रही है। जाओ पकवान बना के रक्खे हुइये। खाओ जाये।

पंडित - तुमहउ बुढ़ा गयी तुम का कबहु सहूर नहीं आवा।

पंडिताइन - पंडित तुम सठियाई गये हो। काहे जा रहे हो। पंडित - अपने टी0वी0 खराब हुइगा है जइबे तो टी0वी0 में हाल की खबरें सुनबे।

पंडिताइन - अरे हटो, तुम चित्रहार खूब देखत रहो हो। बुढ़ापा में कुछ तो शरम करो।

पंडित - हम जाइतहै तुम दरबाजा बन्द कर लो कहूँ कोइ घुस न आवे।

पंडिताइन - अच्छा ठीक है जा रहे हो तो बहू से जीरा मांगे लायो।

पंडित - हाँ ठीक है।

पंडिताइन - अरे जाओ न, कहा हमार मुंह टुकर टुकर ताकत हौ।

पंडित - चश्मा तो हमार देव।

पंडिताइन - तुम जहाँ रक्खे हो देखो जाये के आपन लेव कालबेल बजती है- टिंग......

पंडित - कौन आवा है, देखित है दरवाजा खोलने की आवाज-

अर्जुन - बाबा चलो, चलो न।

पंडित - ऐ अर्जुनवा, जरा चश्मवा देखो कहाँ हम रख दिया।

अर्जुन - अरे बाबा आप रक्खे हो आपेय ढूढ़ो।

पंडित - सुनती हो अब ये लड़का कुछ काम नहीं सुनत है।

पंडिताइन - अरे का सुने, जो मंगावतहै वो लावत हो नाहीं ना।

पंडित - कैसी बात करती हो, लाउत तो है, अब ताजमहल मांगी तो हम उसे देब।

पंडिताइन - अर्जुनवां, जा त्वाहार बाबा अइसन है ये लो चाकलेटी बिस्कुट।

अर्जुन - ये हुयी बात, बाबा आप बहुत कंजूस हो।

पंडित - का कहिस हम कंजूस है, के अर्जुनवा का नहीं लाके दिया तोका कस बताता है। बहुत जबान चलत है चटर चटर।

अर्जुन - हम थोड़ों ने कहते हैं।

पंडित - तो कौन कहता है हमको कंजूस।

अर्जुन - मेरा नाम न बताना मम्मी कहती है।

पंडित - और क्या कहती है।

पंडिताइन - अरे जइयो कि नहीं, बहुरिया इन्तजार कर रही हुई।

पंडित - ऐ अर्जुनवा, का बाबा है।

अर्जुन - हाँ है,

पंडित - तुम्हारे पापा का कर रहे हैं।

अर्जुन - बर्तन मांज रहे हैं।

पंडित - काहे महरी नहीं आई और बहू का कर रही है ?

अर्जुन - आप सब बता देते हो हमको डांट पड़ती है, हम नहीं बतायेंगे।

पंडित - नहीं बेटा किसी को नहीं बतायेंगे।

अर्जुन - मम्मी मेक अप कराने ब्यूटी पार्लर गयी हैं।

पंडित - पंडिताइन सुन रही हो। ये का कह रहा है।

पंडिताइन - तुम ही सुनो सुनाओ। हम किता काम करती रहन। आज की बहुरियन से भगवान बचाये।

अर्जुन - बाबा, ये लो चश्मा। बाबा हमको बैट 4 नम्बर का ला देना।

पंडित - हाँ ला देंगे। चलो चलें।

 दरवाजा बन्द करने की आवाज

अर्जुन के साथ पंडित जी अपने बहू के घर पहुँचत है साथ में अर्जुन (पौत्र) साथ में है। काल बेल- बजती है ट्रिंग ....

पंडित - अर्जुन घण्टी की आवाज जा रही है।

अर्जुन - घण्टी की आवाज जा तो रही है पर कोई दरबाजे पर आ नहीं रहा है।

बड़ी बहू पूनम- ऐ सुनते हो क्या है ?

प्रकाश - क्या है ?

पूनम - कोई दरवाजे पर है।

प्रकाश - शायद, पापा होंगे, अर्जुन भी होगा।

पूनम - फिर खूसंट बुड्ढा आ गया, मेरी जान खायेगा।

प्रकाश - तुमको कुछ तमीज है कैसे बात करती है।

पूनम - अरे अभी कहेगा, बहू, बेटा चाय बना देना। हाँ टी0वी0 आन कर दो न्यूज सुननी है।

प्रकाश - तो क्या हो गया, तुमरे ससुरजी हैं।

पूनम - हमको भी तो टी0वी0 देखना है।

प्रकाश - उनका टी0वी0 खराब हो गया ..... तो आये हैं।

पूनम - अपना ठीक कराये।

प्रकाश - बकवास बन्द, पार्थ, पार्थ

पार्थ - हो पापा।

प्रकाश - जाओ बाबा आये दरवाजा खोलो।

पार्थ - जी पापा।

काल बेल पुन: बजती है

दरवाजा खुलने की आवाज

पार्थ - बाबा चरण स्पर्श

पंडित - खुश रहो, आशीर्वाद, आशीर्वाद, पापा क्या कर रहे हैं।

पार्थ - पापा, मम्मी से लड़ रहे हैं।

प्रकाश - क्या है, पार्थ, बाबा को अन्दर बुला लाओ।

पार्थ - हाँ पापा अर्जुन दद्दा भी हैं। दरवाजे से अन्दर आने की आवाज।

पंडित - अरे बहू, जरा चाय बनाओ।

बहू - पापा जी, शकर नहीं है।

पंडित - बहू हम बिना शकर की चाय पीते हैं अरे तुम तो जानती हो।

बहू - पापा चाय पत्ती भी नहीं है।

पंडित - ऐ अर्जुनवा दादी से पत्ती मांग ला।

अर्जुन - बाबा, अभी लाते हैं।

पंडित - शाबास्।

अर्जुन - याद है ना, बाबा बैट नं 4।

पंडित - हाँ हाँ याद है, खूब याद है।

 जाने तथा आने की आवाज।

अर्जुन - बाबा चाय पत्ती ले आये।

पंडित - बहू चाय जरा स्ट्रांग बनाना।

बहू - जी बहुत अच्छा।

 कप में चाय डालने की आवाज। टेबुल पर कप रखने की आवाज।

पंडित - बहुत अच्छी चाय बनाई है।

बहू - सुनो, पार्थ टी0वी0 का वाल्यूम धीमा करो।

पार्थ - नहीं, बाबा को कम सुनाई देता है तेज आवाज सुनते हैं।

बहू - जो हम कहते करो।

प्रकाश - पापा की वजह से तेज करना पड़ता है।

पंडित - बहू जरा आधा कप चाय जरा और पिलाओ।

बहू - प्रकाश, तुम्ही चाय बनाओ। हमारे हाथों में मेंहदी लगी है।

प्रकाश - ठीक है मैं बनाता हूँ।

बहू - सुनो, मेरे लिये भी बना लेना।

प्रकाश - हम चाय बनाते हैं।

पंडित - बहुरिया का कर रही है।

प्रकाश - पूजा कर रही है।

पंडित - पूजा में बोल रही है।

बहू - आप हमारे लिये पूजा से ज्यादा है।

पंडित - बहू, सुखी रहो, दूधं नहाओ पूतों फलो। तुम्हारी मम्मी ने खीरा लाने को कहा था।

अर्जुन - बाबा खीरा नहीं, जीरा कहा था।

बहू - प्रकाश, तुम इनका टी0वी0 जल्दी ठीक करा दो। हम अपना मन पसंद प्रोग्राम नहीं देख पाते हैं।

प्रकाश - ठीक है पापा भोजन करके जाइयेगा।

पंडित - नहीं वहाँ खाना बना है।

बहू - ठीक तो है। जाने दो। मम्मी अकेली है कब जायेगा खूसट बुड्ढा। चाय गिरा दी मेज पोस खराब कर दिया।

प्रकाश - तुम बहुत बेवकूफ हो, जरा हया शरम है। ऐसे बोलती हो।

बहू - तुम बने रहो श्रवण कुमार। मैं श्रवण कुमार की पत्नी नहीं हूँ।

पंडित - अच्छा प्रकाश, बहू हम जाते हैं।

बहू - अर्जुन पार्थ बाबा को घर तक छोड़ आओ।

 (दरवाजा खुलने की और बन्द होने की आवाज)

पंडित - हम जा रहे हैं।

मत दान करना

गाँव की चौपाल

सायं 7 बजे घड़ी का घण्टा बजता है सात बार टन टन .... भोगांव

रामू - ओ काका (जोर से) ओ काका।

काका - कहो ना, काहे चिल्लात हो।

रामू - काका, बिजली नहीं आ रही है।

काका - तो, काका ओमा का करिहे।

रामू - काका अब कस बतलात हो।

काका - अपन बात बाताओ।

श्याम - अरे ! काका यह कहत है कि गाँव में अपने यहाँ वोट 6 मई 2019 का पड़ेंगे। बिजली न आने से टी0वी0 नहीं चलत है, समाचार कैसे सुनै।

काका - अस कहो, बैटरी से टी0वी0 चलेगी। अब हम बबुआ का बुलाहत हैं।

काका - चिल्लाते हुये- श्यामू बबुआ से कहो टी0वी0 बैटरी चलायें हम लोग घर आइत है।

श्याम - बैटरी खतम हुयी गयी है।

काका - अब का करी रेडियो टान्जेस्टर का जमाना चला गा।

 प्रधान का लड़का नवा मोबाईल लाइस है ओमा ओमा समाचारो आवत है। बुलवाओ ओखा।

श्याम - हमरे कहे से ने लाई आपे कहो प्रधान से। वोट डलवाये की जुमेदारी प्रधानव की है।

काका - ठीक कहत हो। ऐ रामू जा रे प्रधनवा कहेस की लड़कवा का मोबाइल के साथ लावे चुनाव का समाचार सुना जाये।

रामू - अब ही जातहन है।

लाउड स्पीकर से- भाइयों और बहन, लोकतंत्र के पावन पर्व चुनाव में 6 मई, 2019 को वोट पड़ेंगे आप अपने कर्मठ प्रत्याशी- बेनामजी को जिताइये- जिन्होंने देश को कंगाल कर दिया किसानों का बेहाल कर दिया। देश के नेता कैसे हैं। बेनाम भइया जैसा हो- आवाजें तेज होती फिर धीरे ....बन्द हो जाती है।

काका - अरे रामू कयरे, प्रधनवा के यहाँ नहीं गवा।

रामू - जात है जलूस निकल रहा था सो रुक गये थे।

काका - ठीक है ठीक है जाओ।

चौपाल में प्रधान भिखारीलाल का प्रवेश

भिखारी लाल प्रधान - काका पांय लागी।

काका - खुश रहो बच्चा, कहे लरकवा नहीं आवा।

भिखारी लाल प्रधान - आवत है वो देखो आ गवा।

प्रधान का लड़का कमल- काका पांय लागी-

काका - कैरे कमलवा जरा अपने मोबाईल से समाचार सुनवाओ।

काका - काका, समाचार सुनो और फोटू देखो।

काका - अच्छा, कमलवा तू पढ़ लिख गवा है।

कमल - और नहीं काका।

(काका की पुत्री) मुनिया- काका काकी बुला रही है

मोबाइल - तिपाई पर रखता, समाचार आते हैं।

काका - चलो आइत है।

मुनियां - नाही जल्दी बुला रही है, वोट मांगे वाले आये हैं।

श्यामू - काका काकी से बहुत डरात है।

काका - अबे चुप बुजवक हम कौनों से नहीं डरत हैं, बिटिया जाओ समाचार सुनवाओ।

समाचार आते हैं।

आकाशवाणी लखनऊ है, बौडम सिंह से समाचार सुनिये। लोक सभा चुनाव के पहले चरण में 1564 संवेदनशील मतदान केन्द्रों की चुनौती। दो मिनट ब्रेक बाद।

विज्ञापन - भारतवर्ष विश्व का सबसे बड़ा लोकतांत्रिक देश है, इस चुनाव पर्व पर मतदान करें- भारत देश महान पाँचवें चरण के चुनाव की अधिसूचना आज।

प्रदेश में सत्रहवीं लोक सभा के पाँचवें चरण के चुनाव के लिये बुधवार को अधिसूचना जारी होगी। 4 लोकसभा सीटों पर चुनाव होगा, ब्रेक- दो मिनट के बाद पुन: आगे के समाचार सुनिये।

विज्ञापन - हमारी कम्पनी 420 ने ऐक ऐसी दवा बनाई है जिसका नाम जो जवान को बूढ़ा और बूढ़ा को जवान बना सकती है।

पुन: बौडम सिंह समाचार सुनिये - वैधानिक सूचना - विज्ञापन में दी गयी शर्तों आदि को ग्राहक स्वयं परखें, इस विज्ञापन से आकाशवाणी का कोई लेना देना नहीं।

पाँचवें चरण में चुनाव होने हैं उनमें 2.47 करोड़ मतदाता है। इनमें 1.32 करोड़ पुरुष, 1.14 करोड़ महिलायें 1321 ट्रांस जेन्डर मतदाता हैं पहिली मतदाता बने 18 से 19 वर्ष युवाओं की संख्या 339094 है। वीही ऐसे मतादाता ऐसे जो 80 साल या इससे अधिक उम्र के हैं। मतदान के लिये 16126 केडा और 28072 मतदेय केन्द्र हैं।

2 मिनट का ब्रेक -

विज्ञापन-चुनाव प्रचार हेतु जीत सुनिश्चित हमारी अन्ताराष्ट्री कम्पनी का नाम है बिकाऊ कम्पनी। प्रतिदिन प्रचार हेतु 10 लाख, जिसमें चुनावी भीड़ जुटाना। कम्पनी पता है- टेड़ी पुलिया लपतांज प्रत्याशी के जीत की गारंटी। हारे प्रत्याशी का प्रचार अगल चुनाव 50 प्रतिशत कम पर किया जायेगा-

मैं बौडम सिंह पुन:

चुनाव आयोग बहुत ही सखत है। ई वी एम मशीन के द्वारा निष्पक्ष चुनाव की कराने की घोषणा की। जनता से अपील निष्पक्ष बिना भय के मतदान करें पूरी सुरक्षा प्रदान की जायेगी।

समाचार समाप्त हुये, नमस्कार

जनमनगण.........

काका - राष्ट्र गान हो रहा सब लोग खड़े हो जायें।

रामू - का सच्ची थोरे है - मोबाइल में।

काका - ऐ रमुआ बहुत मारब, देशद्रोही का।

रामू - ऐसा का।

काका - राष्ट्रगान के अनादर पर सजा है अब।

रामू - अच्छा -

प्रधान - हम गाँव में डुग्गी पिटवायी की सब लोग मतदान करें।

काका - यह बहुत नीक कीन्हुव प्रधान।

प्रधान - काका, अबकी गरीब किसाननू को सरकार पैसा दिये हैं।

काका - दीन तो है पर कम नहीं लागत है।

प्रधान - धीरे धीरे दिये है, शौचालय के लिये पैसे दिये उज्ज्वल योजना में गैस सिडन्ड दिये हैं।

रामू - काहे प्रधानजी, का भाजपा के पक्ष मा हो।

काका - अबे चुप।

रामू - कहा चुप लड़कवा नाम कमल रक्खे हैं जो भाजपा व चुनाव चिन्ह हैं।

काका - अच्छा, श्यामू का लड़कवा का नाम पंजा है तो कांग्रेसी है।

श्यामू - ये लेव, काका, यामा बुआ को लड़का को वो हाथी बुलावत है तो का वो बसवा में बोटे देगी।

काका - कोमल सिंह का लड़कवा साईकिल की दुकान खोले तो का सपाई हुईगा।

प्रधान - काका, देखो रात के 11 बजे हैं टन टन .... 11 बार।

अब सब लोग जाओ 6 मई 2019 को वोट पड़ेंगे। मत देना।

डीएम - मोबाईल से- मिस्टर सिंह-

देखिये। 3 बजे हैं परन्तु भी गाँव की पोलिंग में एक भी वोट नहीं पड़ा क्या बात है।

सेक्टर मजिस्ट्रेट - सर मैं अभी देखता हूँ। डोन्ट वरी

डीएम - क्या संवेदनशील पोलिंग स्टेशन तो नहीं।

सेक्टर मजिस्ट्रेट - सर नहीं वहाँ के लोग बहुत सीधे सादे पर सुनते हैं की कम बुद्धी के हैं।

जीप की आवाज .... पी.पी.

ड्राईवर - सर, रास्ता थोड़ा खराब है।

सेक्टर मजिस्ट्रेट, संभल कर चलाओ।

ड्राईवर - जी, सर- तेजी से जीप चलाता है।

सेक्टर मजिस्ट्रेट - ट्रैफिक रूल को फालो करो।

गाँव में प्रवेश

पूरा गाँव एक जगह एकत्र है सब लोग चुपचाप बैठे। जीप की आवाज सुनकर चौक जाते हैं।

रामू - अरे देखो साहब आ गये साहब आ गये।

- साहब नमस्ते नमस्ते

सामूहिक रूप से - पांय लांगू, प्रणाम-

सेक्टर मजिस्ट्रेट - आप लोग वोट डालने नहीं गये।

रामू - साहब हमार प्रधान कहिस है मत देना, सो हम लोग प्रधान की बात नहीं टाल सकते।

सेक्टर मजिस्ट्रेट - प्रधान जी कहाँ हैं ?

काका - काहे का बात है ?

सेक्टर मजिस्ट्रेट - आप पढ़े लिखे लगते हैं।

काका - हाँ हैं तो।

सेक्टर मजिस्ट्रेट - नहीं, अभी तक गाँव के लोगों ने एक वोट नहीं डाले।

काका - असल में का है हमें देर हो गयी थी सो जा रहे हैं आपको देखा तो रुक गये।

सेक्टर मजिस्ट्रेट - ये लोग कह रहे हैं प्रधान ने वोट देने से रोका है।

काका - ऐसा नहीं है, उसने वोट देने की डुग्गी पिटवाई थी। का रे ये का कहत है।

रामू - काका प्रधान हमसे कह रहे कि मत देना। तो हम नहीं देंगे।

काका - नाश पीटे, अकल से पैदल। प्रधान कहे हैं वोटे जरूर जरूर देना।

रामू - हम नहीं जानत काका आपके कहे से वोट देने जात है।

सेक्टर मजिस्ट्रेट - प्रधान कहाँ हैं ?

काका - साहब अभी बलाते है। सब लोग एक साथ चलकर वोट डालेंगे।

सेक्टर मजिस्ट्रेट - जल्दी चलिये, 4.20 है केवल चालिस मिनट है।

काका - 1250 लोगों का वोट कैसे पड़ेगा अब तो सब बेकार हो गया।

सेक्टर मजिस्ट्रेट - नहीं, आप लोग पूलिंग बूथ पर चलें मैं वहीं पहुँचता हूँ। पाँच बजे के पहिले पहुँच जायेंगे तो मैं टोकन बंटवाकर सबके वोट डलवा देंगे।

सेक्टर मजिस्ट्रेट - (डी.एम.को) सर यहाँ भोगाँव के लोग कम बुद्धी के हैं। मत देने का मतलब गलत लगा बैठे।

डी.एम. - अरे, सिंह, हँसते हुए। दुनियां का सबसे बड़ा लोकतंत्रीय देश अपना भारत है। हम लोगों में जन जागरण करें वोट की कीमत समझायें।

सेक्टर मजिस्ट्रेट - जी, सर।

चौपाल

प्रधान - काहे मत देना का मतलब नहीं समझे थे अब समझ गये।

काका - काहे रे वोट अब डार आये।

प्रधान - काका, सभी मनिइय वोट अपन अपन डार आये।

काका - अब तो कुछ चाय पानी हो जाये।

प्रधान - काहे नहीं, ऐ, कलुवा सब लोगन का चाय नाश्ता कराओ।

काका - तुम कहका वोट दिये हो।

प्रधान - हम बताब न।

काका - काहे कौन कौन कौन बात है।

प्रधान - ये नहीं मतदान गुप्त होता है।

काका - बात सही है। सरकार कौनउ कौनउ की बनी, मगर अच्छी बने।

प्रधान - जनता का ध्यान रक्खें। रेडियो में हम पंचन का अच्छी बातें बतायी जाती है।

काका - हमरे जमाने में रेडियो रहे फिर ट्रांजिस्टर अब टी0वी0 आई अब तो भइयो सैकड़ो चैनल हुये गये।

अपना भारत देश महान है

दिल में बसता हिन्दुस्तान है

चुनाव लोकतंत्र का त्यौहार है

मिलजुल रहना आपस का व्यौहार है

हम वोट डालने जायेंगे है

घर घर ये पैगाम बतायेंगे है।

जन कल्याणी है आकाशवाणी है

दुख दूर भगाये सुख पास बुलाये।

ऐसी अपनी मीठी वाणी है।

सबका साथ सबका विकास

उड़कर छूलो उन्नत का आकास

लोकतंत्र में बना रहे विश्वास।

जय हिन्द भारत

Clue (कथा सूत्र)

मोबाइल की घंटी बजती - ट्रिंग 3

आई.जी. पुलिस - हैलो, हैलो

सर मैं पी.ए. टू गृह मंत्री बोल रहा हूँ।

जय हिन्द सर, जी मैं आई.जी. क्राइम ब्रांच।

सर मंत्री जी बहुत नाराज हैं। साइबर क्राइम बहुत बढ़ गया है। इंटेलीजेन्स विभाग की रिपोर्ट आ चुकी है। लीजिये मंत्री जी से बात करिय हैलो-

आई.जी. - जय हिन्द सर, सर आदेश करें।

गृह मंत्री - मिस्टर मिश्रा आपकी पोस्टिंग इसलिये की गयी थी कि साइबर क्राइम रोके परन्तु आप तो बिल्कुल असफल रहे।

आई.जी. - जी, नहीं सर, मैंने स्क्वैड (टीम) बनाई है। बारह डिस्ट्रिक्ट में काम कर रही है।

गृह मंत्री - आप कैसी बात कर रहे हैं, मिस्टर मिश्रा साइबर अपराध यहाँ सबसे अधिक मुकदमे 2018 में- लखनऊ गोमत नगर सर्किल 294, लखनऊ हसरत सर्किल 183, वाराणसी का भेलपुर सर्किल 141, लखनऊ कैंट 128

आई.जी. - जी सर

मंत्री - गौतमबुद्ध नगर नोएडा 1 सर्किल 110 प्रयागराज का कैंट सर्किल

आई.जी. - सर, प्रयास कर रहा हूँ टीमें कार्य कर रही हैं।

मंत्री जी - मिस्टर आई.जी. मैं सदन में क्या कहूँ विपक्ष प्रश्न कर रहा है। ऐसम्बली क्वेश्चन उठ रहे हैं। मुझे तुरन्त रिपोर्ट चाहिए।

आई.जी. - साइबर क्राइम के पीछे सफेद वस्त्रधारी अपराधियों का हाथ है। इसके लिए आतंकवादियों का हाथ होने की भी सम्भावना से इन्कार नहीं किया जा सकता।

मंत्री - मैं कुछ नहीं जानता साइबर क्राइम पर नियंत्रण होना चाहिए। बहाने बाजी बनाना छोड़िये, मैं ठोस रिजल्ट जानना चाहता हूँ।

आई.जी. - सर, मैं अभी स्पेशल टीम बनाता हूँ इसमें विभाग के काबिल आफीसर की नियुक्ती करता हूँ।

मंत्री - ठीक है हाँ मुझे गोपनीय रिपोर्ट चाहिए कि सरकारी तथा बड़े संस्थानों में फाइलें कैसे हैग हो जाती हैं उसको खोलने के लिए अपराधी ब्लेक मेल करते हैं।

आई.जी. - जी सर, एक बात और है।

मंत्री - कहिये।

आई.जी. - सर, इसमें कुछ विदेशी गुप्तचर ऐजेंसी की मदद लेनी होगी।

मंत्री - यस, आफ कोर्स इसके लिये भारत सरकार का अनुमति पत्र मिल जायेगा। ओ.के.

आई.जी. - सर जय हिन्द।

इन्सपेक्टर रागिनी एटवन्स। तुरन्त आज ही तीन बजे मीटिंग बुलायें और साथ अपराधी की क्रिमिलन हिस्ट्री भी लायें अर्जेन्ट। गो इमीडियेटली। इज इट क्लीयर।

रागिनी इन्स्पेक्टर - यस, सर

बैठक

मिस्टर सिंह डी.जी.पी. आपको साइबर क्राइम को रोकने के सूत्र बतायेंगे। मिस्टर सिंह मोस्ट वेलकम।

मिस्टर सिंह - हमारे जाबांज आफीसर्स- आई.टी. एक्ट के केस की विवेचना के लिये यू.पी. 100 में स्थापित साइबर लैब में 350 से अधिक पुलिस आफीसर्स की ट्रेनिंग करायी है। नोएडा में बन रही अत्याधुनिक लैव ट्रेनिंग तथा के स्टडी पर फोकस हो रहा है, कोई कुछ पूछना चाहे तो पूछ सकता है।

मैं इन्स्पेक्टर दिनेश, सर हम लोग क्या करें इधर रोजाना शिकायतें आ रही हैं कि ए.टी. एम. से पैसे किसी ने निकाल लिये। सर- ये है रिकार्डिंग, साहब - मैं मर गया रिटायर्ड टीचर मेरे ए.टी.एम. से किसी ने 20,000 रुपये निकाल लिये। कोई नहीं सन रहा. बैंक वाले कहते हैं पलिस में जाओ. क्या करें ? बेटी का एडमिशीन कराना था।

मिस्टर सिंह - ठीक इस तरह क्राइम को रोकने के लिये आप बैंक से भी सहयोग लें। तथा जिस ए.टी.एम. सेंटर से पैसे निकाए गये वहाँ के कैमरे से फोटो क्लिप निकलवा कर जाँच करें। उससे पूछे ए.टी.एम. किसी को दिया तो नहीं।

इन्स्पेक्टर दिनेश - इसमें कुछ लोग गुप बनाकर बूढ़े बाढ़े लोगों से मदद के बहाने ए.टी.एम. बदल कर पैसा निकाल लेते हैं।

इन्स्पेक्टर रानी - मैं इन्स्पेक्टर रानी सर मैं कुछ कह सकती हूँ।

आई. जी. - क्यों नहीं यस

इन्स्पेक्टर रानी - सर मेरे थाना क्षेत्र में घटनाएँ बड़ी अजीब तरीके की हो रही हैं। ये घटना पुलिस इन्स्पेक्टर ज्ञानचन्द के साथ घटी रिकार्डिंग सुनियेहेलो, मैं बीएसएनएल का जोनल आफीसर संजय भाटिया बोल रहा हूँ।

सर बोलिये

आपका सिम बंद हो गया है

जी सर

अपना ए.टी.एम. कार्ड नम्बर, पास वर्ड बतलाना होगा, डोंट वरी आपका सिम 8 घंटे में ओपन हो जायेगा।

जी सर, मैं बतलाता हूँ आप नोट करें।

ठीक है।

इन्स्पेटकर रानी - सर खाते से 40,000/- रुपये निकल गये। कम्प्लेन्ट आयी परन्तु हमें जनता में सजगता के लिये भी कुछ करना होगा।

मिस्टर सिंह - अगली कोई घटना हो हमें साइबर क्रिमिनल के स्तर पर भी विचार करना होगा कि शिकायत कर्ता किस-किस श्रेणी के हैं। सर मैं- वाणी कपूर कानपुर जोन डी.एस.पी. एक अजीब घटना हुई। एक निजी कम्पनी के मैनेजिंग डायरेक्टर सुधाकर शर्मा ने शिकायत की उनके पर्स में ए.टी.एम. बना रहा, उन्होंने कोई पैसे नहीं निकाले, परन्तु उनके बैंक खाते से 1 लाख रुपये चार ट्रांजेक्शन में निकाल लिये गये। उसने कोई सूचना अपनी नहीं लीक है।

मिस्टर सिंह - क्या मतलब?

डी.एस.पी. वाणी कपूर - सर इनवेस्टिगेसन में पाया गया, क्रेडिट कार्ड की क्लोनिंग कर लेते हैं फिर पैसे निकाल लेते हैं। ए.टी.एमो। में स्कीमर लगाकर सैकड़ों ग्राहकों के कार्ड की क्लोनिंग करके पैसे निकाल रहे हैं।

इसमें सर- इंजीनियर दिमाग कार्य कर रहा है।

मिस्टर सिंह - बैंक से पूछतांछ की।

- सर बैंक कुछ नहीं बता पा रही है। यह तो बहुत ही चिन्ताजनक विषय है। इसी क्रम में मिस्टर धीरेन्द्र ब्रह्मचारी I.P.S. इन्टेलीजेन्ट आप कुछ कहेंगे।

धीरेन्द्र ब्रह्मचारी I.P.S. इन्टेलीजेन्ट विभाग - सर बड़ी ही गुप्त बात है। हमें सर कुछ निर्णय राष्ट्रहित में लेने होते हैं उसके लिये हम उसी प्रकार सोचना पड़ता जैसे अपराधी सोचता है।

मिस्टर सिंह - वाट यू मीन क्या कह रहे हैं। धीरेन्द्र ब्रह्मचारी आप I.P.S. अधिकारी हैं कोई साधारण सिपाही नहीं।

धीरेन्द्र ब्रह्मचारी I.P.S.- इसीलिये कह रहा हूँ- सर क्षमा के साथ सर, लखनऊ के मीराबाई मार्ग निवासी एक सीए रैनसमवेयर अटैक यानी साइबर फिरौती का शिकार हो चुका है दरअसल बस जल्दीबाजी में एक दिन एक मेल का लिंक खोलने के बाद सी.एम. का कम्प्यूटर हैंग हो गया था बाद में कई अहम फाइलें खुलना बंद हो गई। बाद में सी.एम. से साइबर अपराधियों ने उनकी ब्लाक की गई फाइलों को खोलने के लिए उसके एवज में मोटी रकम माँगी।

मिस्टर सिंह - यह तो मुझको मालूम है जाँच चल रही है।

I.P.S. धीरेन्द्र ब्रह्मचारी-सर ऐसे ही मुंबई के दो बड़े बैंकर के हेतु कम्प्यूटर सिस्टम पर ठीक ऐसा ही हमला किया। वर्ष 2007-2008 में जार्जिया व यूक्रेन के कुछ बैंकर को इसी तरह साइबर अपराधियों ने निशाना बनाया और मोटी रकम लूटी।

मिस्टर सिंह - ये कैसे क्या करते हैं।

धीरेन्द्र ब्रह्मचारी I.P.S.- सच तो ये है कि अनजान नम्बर से अथवा मेल के जरिये वीडियो अथवा कोई तस्वीर भेजकर साइबर अपराधी उसे पीछे लिंक के जरिये वायरस भेजकर हमला करता है। आधे घण्टे का लंच बैठक पुन: 3 बजे होगी।

लंच के बाद

कृपया सभी मीटिंग हाल में आ जायें। (सीटों में बैठने को आवाज)।

अब आपको सिटी बैंक की मैंनेजिंग डायरेक्टर श्रीमती संध्या अग्रवाल कुछ महत्वपूर्ण बातें बतलायेंगी।

करतल ध्वनि स्वागत करें, तालियों की आवाज।

मैं आपको बताऊँगी- कोई बैंक फोन पर नहीं पूछता पासवर्ड फोन पर बैंक डिटेल अथवा पिन कोड किसी को न बतायें। ऐसी काल आने पर बैंक से सम्पर्क करें।

कोई बैंक यह सब नहीं पूछता है नेट बैंकिंग से सम्बन्धित किसी मेल अथवा लिंक के खोलने से बचें।

ऑनलाइन अकाउंट पास वर्ड जल्दी-जल्दी बदलते रहें।

सरकार - E बैंकिंग पर जोर दे रही है परन्तु सावधानी की बात कर रही है। पासवर्ड में कैपटल व स्माल लैटर के साथ ही सिंबल का प्रयोग जरूर करें। पासवर्ड बेहद आसान न बनाएं।

मैडम - इसके अतिरिक्त और क्या सावधानी रखनी चाहिए।

श्रीमती संध्या अग्रवाल- इन जुमलों से रहे सावधान

आपका ए.टी.एम. ब्लाक हो गया जल्दी पिन कोड बताएँ।

आपकी लाटरी निकली है इस खाते में इतनी रकम तत्काल जमा करें।

मेरे द्वारा भेज गये गिफ्ट अथवा डालर कस्टम में पकड़ गए है। उन्हें छुड़ाने के लिए इस खाते में इतनी रकम जमा कर मेल पर दिए गए लिंक पेज को खोलकर उसमें अपनी बैंक डिटेल भरके इन चीजों को ध्यान में रखना चाहिए। श्रीमती संध्या अग्रवाल- मैडम आनलाइन शापिंग के लिये क्या सावधान बरतनी चाहिए।

ठीक है इसके लिये भी कुछ टिप्स देती हूँ।

ध्यान दें

आनलाइन शापिंग के लिये प्रतिष्ठित वेबसाइट के अलावा अनजान वेबसाइट को चुनने से बचें।

वेबसाइट पर सम्बन्धित कम्पनी के नियम व शर्ते जरूर पढ़ें।

वेबसाइट कम्पनी का पता, नम्बर ई मेल एड्रेस जरूर देखें।

वेबसाइट के एड्रेस में एचटीटीपी (हाइपर टेक्स ट्रांसफर प्रोटोकाल) व हरे रंग का ताला बना जरूर देखें।

कम्पनी द्वारा भेजे गये एस एम एस व प्रोडक्ट की डिटल को संभाल कर रक्खे आनलाइन शापिंग व बैंकिंग केवल सुरक्षित एवं एटीवायरस वाले कम्प्यूटर से ही करे।

जब भी अपना रजिस्टर्ड नम्बर खाते से बदलें तो उसकी सूचना बैंक को जरूर दें।

सोशल मीडिया पर अंतरंग फोटो शेयर करने से बचें, अपना निजी फोटो साझा न करें। बहुत बहुत धन्यवाद मुझे बोलने का अवसर दिया।

अभी आप सुन रहे थे डॉ. संध्या अग्रवाल मैनेजिंग डायरेक्टर सिटी बैंक उन्होंने सावधानी हेतु जानकारी दी बहुत-बहुत धन्यवाद।

मैं पुनः डॉ. वाणी कपूर डी.एस.पी. (क्राइम ब्रांच) को आमंत्रित करता हूँ। वो साइबर क्राइम के सम्बन्ध में जानकारी देगी।

मिस्टर सिंह - यह तो मुझको मालूम

मैं वाणी कपूर डी.एस.पी.- बहुत बहुत धन्यवाद, आज हमारे सामने एक चुनौती है कि कैसे अपराधियों को पकड़ा जाये सजा दिलाई जाये। लोकतांत्रिक व्यवस्था का भी आदर करना है। मैं

निवेदन करूँगी इस मिशन में डॉ. प्रभू महादेवन डायरेक्टर आकाशवाणी बिलासपुर को शामिल करना चाहिए।

मिस्टर सिंह - क्षमा, मैडम यह क्या बात हुई एक आकाशवाणी डायरेक्टर अब पुलिस जासूसी काम करेगा जिसको गुप्तचर विभाग की ए.वी.सी.डी. नहीं आती।

वाणी कपूर - आप डॉ. प्रभू महादेवन के विषय में नहीं जानते हैं। मैं अपने सीनियर आई.पी. एस. रमेश झा से प्रार्थना करूँगा क्यों आज डॉ. प्रभू महादेवन डायरेक्टर आकाशवाणी की आवश्यकता। आज साइबर क्राइम विश्व स्तर पर बढ़ा। हमें विदेशी गुप्तचर एजेंसी से भी सम्पर्क करना होगा। आई.पी.एस. रमेश झा से प्रार्थना है वह हम सबका मार्ग दर्शन करें।

मैं रमेश झा आई.पी.एस. - डॉ. प्रभू माधवन डायरेक्टर आकाशवाणी विलासपुर के सम्बन्ध कहूँ परन्तु अभी अविलम्ब केन्द्रीय कार्यालय जाकर ला एण्ड आर्डर की व्यवस्था हेतु जाना है।

जय हिन्द जय भारत

अग्रिम बैठक में डॉ. प्रभू माधवन डायरेक्टर आकाशवाणी विलास को सुनेंगे कैसे उन्होंने साइबर क्राइम को रोकने के लिये कितनी बड़ी कुरबानी थी- जय हिन्द जय भारत।

दहेज

घंटी की आवाज होती है ट्रिंग टिंग 6 बार मकान के अन्दर से आवाज आती है- कौन कौन साहब हैं।

त्रिवेदी जी - मैं त्रिवेदी हूँ त्रिवेदी हूँ।

शुक्ला जी - कौन त्रिवेदी कहाँ से आये।

त्रिवेदी जी - मैं भोगांव से आये।

शुक्ला जी - क्या काम है ? बताइये।

त्रिवेदी जी - आपका जो लड़का लज्जा रखावन है, उसकी शादी के सिलसिले में आया हूँ।

शुक्ला जी - अच्छा ! अभी आया। आ रहा हूँ। ऐ लजऊना नीचे वाली बैठक खोल दे मेहमानों को बैठाओ मैं कपड़ा बदल के आता हूँ। अपने मामा को भी गोहरा देना।

लजारखावन - हाँ बापू ठीक है बैठक खोल दिया। मामा को बुलाने जा रहे हैं।

शुक्ला जी - ठीक है ठीक है हाँ अपनी अम्मा से कहो, नाश्ता पानी ठीक ठाक बनावे। बैठका के दरवाजे खुलने की आवाज।

लज्जारखावन - आप लोग अन्दर आइये, बैठिये। अभी बापू आ रहे हैं।

शुक्ला जी - आओ बाजपेयी जी, अन्दर आओ (बैठते हैं) ठीक है बेटा।

लज्जारखावन के पिता त्रिवेदी का बैठका में प्रवेश - कदम चलने की आवाज

टी0वी0 समाचार - दहेज न मिलने से रामपुर में बहू को जिन्दा जलाया गया एफ0आई0आर0 दर्ज करायी गयी अभी कोई गिरफ्तार नहीं। सभी अभियुक्त भूमिगत हो गये।

त्रिवेदी जी - अरे क्या है टी0वी0 बन्द करो। भले मानस लोग आये हैं।

लज्जारखावन - अच्छा बन्द कर रहे हैं।

त्रिवेदी जी - अरे टी0वी0 बन्द कर। अरे शुक्ला जी ये लड़के बड़े लायक आज्ञाकारी तुरन्त टी0वी0 बन्द कर दिया।

शुक्ला जी - त्रिवेदी जी नमस्कार थे हमारे साथ में लड़के के फूफा हैं। आइये जीजी जी।

बाजपेजी जी - हाँ ठीक है। त्रिवेदी जी नमस्कार।

त्रिवेदी जी - नमस्कार, नमस्कार अरे सुनो नाश्ता पानी भेजो।

शुक्ला जी - अरे इसकी क्या आवश्यकता है यों भी हम लड़की वाले लड़के वालों के यहाँ का पानी नहीं पीते। पुराने जमाने तो जिस गाँव लड़की ब्याहते उस गाँव का पानी नहीं पीते हैं।

त्रिवेदी जी - ये सब पुराने जमाने की बातें हैं।

शुक्ला जी - त्रिवेजी जी आपके सुपुत्र लज्जारखावन के शादी के सम्बन्ध बात करनी है।

त्रिवेदी जी - बहुत अच्छा बना बने।

शुक्ला जी - बन गया है तो ठीक है, दहेज में क्या ?

त्रिवेदी जी - छि: छि: छि: राम राम राम यह तो कितना अधर्म काम।

शुक्ला जी - वाह ! क्या उच्च विचार है धन्य भाग आपके द्वार आये।

बाजपेजी जी - साले साहब वर का पिता मुस्कराया काम बन गया।

शुक्ला जी - क्या आप दहेज उन्मूलन कमेटी के जन्मदाता हैं ?

त्रिवेदी जी - जी नहीं मैं मैट्रिकफेल लड़के का जन्मदाता हूँ।

वह कन्या का जनक है

क्या वार्ता में खनक है

वर पक्ष चाहत कनक है

हो गयी प्रारम्भ

द्विपक्षीय वार्ता

त्रिवेदी जी - श्रीमन् कन्या का नाम

शुक्ला जी - मान्यवर - लज्जावती

त्रिवेदी जी - अति सुन्दर क्या बात

शुक्ला जी - वर का नाम

त्रिवेदी जी - लज्जारखावन

शुक्ला जी - अति उत्तम

त्रिवेदी जी - क्या संजोग है क्या योग है।

शुक्ला जी - वर का क्या दाम है ?

त्रिवेदी जी - मत पूछिये ? वह खरा सोना है।

बाजपेजी जी - क्या योग है, क्या ऋण-धन का संयोग, दहेज माँगने की पृष्ठभूमि तैयार थी।

त्रिवेदी जी - ये देखिये लडके के मामा हैं यही करते धरते हैं। अग्निहोत्री जी।

शुक्ला जी - क्या वह ममाने में पढ़ा लिखा है।

अग्निहोत्री जी - हाँ रहा है पढ़ा कम कढ़ा ज्यादा है।

शुक्ला जी - बहुत अच्छा।

अग्निहोत्री जी - मैं शुभ चिंतक हूँ दिल्ली से एक पार्टी आई थी। पार्टी ने पार्टी दी और पाँच लाख रुपये नकद तथा और सामान दे रही थी।

शुक्ला जी - जीजा जी मेरा मन घबरा रहा इनकी बात से कलेजा मुँह में आ रहा। अच्छा तो हम चलते हैं।

त्रिवेदी जी - अभी अभी तो आये हो दिल भरा नहीं।

शुक्ला जी - क्या बात हो गयी ?

त्रिवेदी जी - कुछ नहीं। पाँच लाख सुनकर पसीना आ गया। जनक की तरह रोना आ गया।

त्रिवेदी जी - लड़की की विदाई पर रोहयेगा। असामयिक रोना मुझे अच्छा नहीं लगता।

शुक्ला जी - मैं यह दहेज देना मेरे सामर्थ्य के बाहर है।

त्रिवेदी जी - आपका क्या विचार है अर्थात् क्या संकल्प है।

शुक्ला जी - एक लाख

त्रिवेदी जी - चलिये हटिये मेरा लड़का क्या कोई घटे दर की फिल्म है ?

शुक्ला जी - कुश - कन्या

त्रिवेदी जी - आपका संकल्प दो दशक पूर्वक जान पड़ता है जब कन्या ने जन्म लिया होगा।

शुक्ला जी - अरे त्रिवेदी जी ! माफ करो।

त्रिवेदी जी - तब से पाँच गुना महंगायी हो गयी है। उसमें यानी अपनी संकल्पित धनराशि। लाख में पाँच का गुणा कर दीजिये।

शुक्ला जी - हमको क्षमा करें मान्यवर त्रिवेदी जी।

त्रिवेदी जी - बात दरसल ये है कि मैं दहेज के बिल्कुल पक्ष में नहीं हूँ।

शुक्ला जी - आप देवता है महान है आदर्श है।

त्रिवेदी जी - वर को दुतगामी वाहन चाहिए

 माँ को उधार नहीं नकद चाहिए

 छोटे भाई को टी0वी0 नं0 वन

 मौसी उसकी भैंस

 भाभी उसकी गैस

 जीजा उसका वातानुकूल अलमारी

 भाई उसका लोहे की अलमारी

 यही सब है मारा मारी

 समाज की ये है बीमारी

 मुझे कुछ नहीं चाहिए

 बस मुझे रामनामी चाहिए

शुक्ला जी - ये सब तो पाँच लाख के ऊपर का है।

त्रिवेदी जी - और मैं उतनी देर से कह रहा था। लज्जा रह जायेगी।

शुक्ला जी - नहीं वह चली जायेगी लज्जा रखावन जी क्या करते हैं।

त्रिवेदी जी - अरे पूछिये क्या नहीं करते अगर दफ्तर न जाये दफ्तर खुल नहीं सकता।

शुक्ला जी - दफ्तर की आत्मा है।

त्रिवेदी जी - डाइरेक्ट गवर्नमेन्ट का आदमी है।

शुक्ला जी - क्या उसे कुछ ऊपर से मिलता है।

त्रिवेदी जी - ये बात गुप्त है आप स्वयं जान जायेंगे।

शुक्ला जी - वेतन

त्रिवेदी जी - कुछ मत पूछिये उसका और उसके साहब का मिलाकर नब्बे हजार मिलता है।

शुक्ला जी - अलग-अलग क्या वेतन है ?

त्रिवेदी जी - छोड़िये इसे अरे देखिये उसको साल में दो वर्दी मिलती है उसके साहब को नहीं चाटुकारिता ट्रेनिंग पूरी कर ली है बस उसको व्यवहारिक रूप दे रहा है।

शुक्ला जी - योग्यता ?

त्रिवेदी जी - हाई स्कूल में पाँच साल

शुक्ला जी - तभी इतना कढ़ा है।

त्रिवेदी जी - अर्थात् पाँच वर्ष में हाईस्कूल पास किया है। पाँच विषयों को पाँच वर्ष में पास किया है।

शुक्ला जी - ठीक है आगे।

त्रिवेदी जी - वर पक्ष के संभ्रान्त अभद्र बरातियों का स्वागत फर्स्ट क्लास रेल किराया सेकेण्ड क्लास।

शुक्ला जी - कन्यापक्ष समझो थर्ड क्लास

शुक्ला जी - मैं वो नहीं हूँ।

त्रिवेदी जी - मुझे क्या वो है या नहीं मुझे तो बस दहेज चाहिए उधार नहीं नकद चाहिए।

शुक्ला जी - आपके विरुद्ध लिखायी गयी एफ0आई0आर0 आपके द्वारा माँगा गया पी0सी0आर और रुपये पास सौ हजार की जाँच कर रहा हूँ।

त्रिवेदी जी - तो क्या नाटक था।

शुक्ला जी - जी नहीं नाटक का पूर्वाभ्यास था।

त्रिवेदी जी - क्या ?

शुक्ला जी - हाँ

त्रिवेदी जी - नहीं माई-बाप मुझे माफ करिये हमें दहेज वहेज कुछ नहीं चाहिए। इसका क्लाईमेक्स कहाँ है।

शुक्ला जी - जेल में मेरे रोने पर तुमको आता था हँसना अब तुम्हारे रोने पर श्रोताओं को आता हँसना।

दहेज लेना-देना दोनों है अपराध

विवाह तो आत्माओं का मधुर मिलन है।

रचनाओं से दूर होती सामाजिक कुरीतियाँ

रंगमंच एवं ललित कलाओं के प्रति समर्पित संस्कार भारती के तत्वावधान में रविकार को चौराहा पुस्तक का विमोचन किया गया। शहर के एक पैलेस में आयोजित कार्यक्रम में वाणी के चित्र पर माल्यार्पण कर दीप प्रज्वलित कर शुभारंभ किया गया। वक्ताओं ने देश हित चिंतन पर बल दिया।

साहित्यकार मोहन लाल मिश्र धीरज की लिखित पुस्तक का विमोचन करते हुए शिक्षक विधायक राजबहादुर सिंह चंदेल ने कहा कि रचनाओं के माध्यम से लेखक विषयों को उठाता है। इससे समाज में फैली कुरीतियाँ दूर होती हैं। बांगरमऊ विधायक कुलदीप सिंह सेंगर ने कहा कि चौराहा पुस्तक समाज को एक नई दिशा देगी। धीरज जी निरन्तर लिखते रहे हैं। हम सभी संस्कार भारती के कार्यक्रमों में सहयोग प्रदान करेंगे। सदर विधायक पंजक गुप्ता ने कहा कि लेखक की सोच समाज में फैली कुरीतियों को दूर करने की रहती है। सेवानिवृत्त आईएएस लक्ष्मीकांत शुक्ल ने कहा कि चौराहा पुस्तक आज की युवा पीढ़ी को सीख देगी। लेखक विचारक अरुण दीक्षित ने धीरज जी को इसी प्रकार पुस्तकों के लेखन करते रहने का उत्साह वर्धन किया। इसके पहले एमएलसी चंदेल विधायक सेंगर, गुप्ता को अंगवस्त्र देकर सम्मानित किया गया। समारोह में पदमकांत शर्मा प्रभात, मधु सेंगर, सर्य कुमार मनिता सेंगर, वेदप्रकाश त्रिपाठी, वीएन वाजपेयी, डॉ. एमएवेग राही, डॉ. एसपी सिंह, रामदेव शुक्ल समेत अन्य रहे। संचालन डॉ. सर्वदानंदा द्विवेदी पूर्व निदेशक भारत सरकार भाषा ने किया।

वर्तमान समय में देश हित में चिंतन की विशेष आवश्यकता – राजबहादुर सिंह

रचनाओं के माध्यम से लेखक विषयों को उठाता है सामाजिक कुरीतियाँ समाज से दर होनी चाहिए। देश हित में चिन्तन की इस समय की महती आवश्यकता है। उक्त विचार शिक्षक विधायक राजबहादुर सिंह चंदेल ने संस्कार भारती के तत्वावधान में साहित्यकार मोहन मिश्र 'धीरज' की कृति चौराहा पुस्तक के विमोचन अवसर पर व्यक्त किये। उन्होंने कहा कि साहित्य ही एक ऐसी विधा है जिसके माध्यम व्यक्ति बहुत कुछ सीख सकता है। समयानुसार साहित्यों का अवलोकन अवश्य करन चाहिए। कार्यक्रम में मौजूद बांगरमऊ विधायक कुलदीप सिंह सेंगर ने कहा कि चौराहा पुस्तक समाज को दिशा देने का कार्य करेगी। धीरज निरन्तर लिखते रहे हम संस्कार भारती के द्वारा आयोजित कार्यक्रमों में सहयोग प्रदान करते रहेंगे। श्री सेंगर ने कहा कि साहित्य समाज को दिशा देने का काम करती है। कहा जाता है कि जहाँ न पहुँचे रवि वहाँ पहुँचे कवि। साहित्य का समाज की कुरीतियों को दूर करने में समाज को दिशा देने में महत्वपूर्ण योगदान देते हैं। जितने भी देश में महान व्यक्तित्व के धनी सपूत हुए हैं। उन सबसे अधिक साहित्य अवलोकन ही किया है। सर्वप्रथम माँ वाणी के चित्र पर मुख्य अतिथि चंदेल ने दीप प्रज्जवलन व माल्यार्पण कर कार्यक्रम का सुभारम्भ किया। संस्था की ओर से रायबहादुर सिंह चंदेल विधायक, विधायक कुलदीप सिंह सेंगर, सदर विधायक पंकज गुप्ता का माल्यार्पण तथा अंगवस्त्र प्रदान कर स्वागत किया गया। इस अवसर पर पूर्व आईएसएस लक्ष्मीकांत शुक्ला, श्रीकांत शर्मा, अरुण कुमार दीक्षित आदि ने भी अपने विचार व्यक्त किये। कार्यक्रम का संचालन डॉ. सच्चिदानन्द द्विवेदी ने किया। आभार प्रदर्शन कार्यकारिणी अध्यक्ष रामदेव शुक्ला द्वारा किया गया। इस मौके पर प्रमुख रूप से मधु सेंगर, मनिता सेंगर, सूर्य कुमार गुप्ता, वेद प्रकाश त्रिपाठी, बीएन वाजपेयी, डॉ. एम.ए. वेग, राही, डॉ. एस.पी. सिंह, बी.पी. बाजपेयी आदि मौजूद रहे।

साहित्यकार मोहन लाल मिश्र 'धीरज' से आज की विशेष बातचीत

नाटक कहानी लेख गीत की रचना से जुड़े ऐसे रचनाकार का नाम जो कभी किसी परिचय का मोहताज नहीं रहा है। प्रवासी तथा भावना जैसी मानक पुस्तकों के लेखक सुविख्यात साहित्यकार मोहन लाल मिश्र 'धीरज' हैं। उनसे एक भेटवार्ता के दौरान उनके जीवन तथा वर्तमान राजनैतिक परिदृश्य पर एक चर्चा।

प्रश्न - धीरज जी लेखन का कार्य कब से कर रहे हैं ?

उत्तर - मैं लेखन का कार्य विद्यार्थी जीवन से कर रहा हूँ, लिखना मेरा स्वभाव है मेरी प्रवृत्ति है।

प्रश्न - क्या आप निरन्तर लिखते हैं ?

उत्तर - जी नहीं। रचना का जन्म कब कैसे हो जाता है रचनाकार स्वयं नहीं जानता है। मन:सइति शान्त होने पर ही अच्छी रचना जन्म लेती है।

प्रश्न - अच्छी रजचना किसे कहते हैं ?

उत्तर - अच्छी रचना वह है जिसमें शब्द शिल्प भाव व्यंजना तथा अर्धपरवा के साथ जनकल्याण के भाव समाहित हों परन्तु आवश्यक नहीं है कि उसे जनमानस स्वीकार ही कर ले।

प्रश्न - ऐसा क्यों ?

उत्तर - प्रत्येक क्यों का उत्तर नहीं होता है। बहुत से प्रश्न अनुत्तरित हो जाते हैं। समाज राष्ट्र जनमानस वर्ग विशेष तथा शासन के अपने-अपने दृष्टिकोण होते हैं। रचना किस वर्ग के विचारों को पोषण कर रही है। उसके लिए प्रशंसनीय और अन्य के लिए नहीं है। यही विसंगतियाँ रचना की कसौटी है जैसे क्राइस्ट को शूली पर चढ़ाना, सुकरात को जहर का प्याला पीने के लिए बाध्य करना, गैलीलियो को फाँसी दिया जाना, अफ्रीकन कवि बोन्जिल मोसाइल को मौत की सजा इस प्रकार क्यों कहेंगे।

शासन की अपनी भाषा होती है और जनमानस के पास जीवन शैली इन्हीं के मध्य क्यों की उत्पत्ति तथा समाधान की विषय वस्तु रहती है।

प्रश्न - चकबंदी जैसे नीरस व्यस्ततम विभाग में सेवा करते हुए रचनाधर्मिता का निर्वाह किस प्रकार करते हैं ?

उत्तर - विभाग सरस नीरस नहीं होता है बल्कि उसमें कार्यरत कर्मी सरस नीरस होते हैं। रचनाकार जब रचना करता है तो उसमें श्रेष्ठता का अभाव होता है तथा लेखन उसका स्वभाव बन जाता है।

प्रश्न - आपकी कई रचनायें विवादों के घेरे में रहीं, जैसे राम पर कविता, नाटक मुन्ना मरा नहीं, नालायक, हमारे यहाँ परिजन कहाँ गये हास्य-व्यंग्य आदि क्या इस पर कुछ प्रकाश डालेंगे ?

उत्तर - राम शीर्षक कविता मैंने 1992 में की थी इस कविता में मन्दिर, मस्जिद से कोई सम्बन्ध नहीं था परन्तु इसे भी लोगों ने उसके साथ जोड़ने का प्रयास किया इस कविता में एक प्रेमी के मन की पीड़ा अभिव्यक्ति है कि वह अपने प्रेमिका को प्रसन्न करने के लिए कुछ करना चाहता है, परन्तु न कर पाने की स्थिति में उसकी छटपटाहट प्रदर्शित होती है।

मुन्नाराय मरा नहीं नाटक राजनैतिक कार्य संस्कृति पर एक चिन्तन की दिशा देता है मुन्ना जनमानस की भावना को उजागर करता है। गरीबी रेखा से नीचे रहने वाले लोगों की लड़ाई लड़ता है। सत्ता भोगी नेता उसे सहन नहीं कर पाते हैं और उसकी हत्या चौराहे पर करवा देते हैं।

प्रश्न - 'धीरज' जी वर्तमान राजनीति के परिदृश्य में क्या कहना चाहेंगे ? आप किस विचारधारा के पोषक हैं ?

उत्तर - वर्तमान राजनीति के फलक पर राष्ट्रीय भावना में समग्रता का विचार गौड़ होकर स्थानीय स्वयं स्वार्थ के चिन्तन के स्वर मुखरित हो रहे हैं। यही कारण है कि केन्द्र सरकार का नियंत्रण शिथिल हुआ है जिसके परिणामस्वरूप आतंकवाद तथा उग्रवाद फलफूल रहा है। राष्ट्रीय नीति के मनोविज्ञान में कश्मीर समस्या जीवित रखी है। जब देश आतंकवाद उग्रवाद तथा भ्रष्टाचार से जूझ रहा हो आर्थिक स्थिति चरमरा रही है।

देश में इसलिए यह सब हो रहा है कि गणेश परिक्रमा के सिद्धान्त को अपना लिया गया है। प्रत्येक राजनैतिक दल में सांसद तथा विधानसभा विधान परिषद सदस्यों के प्रत्याशियों का चयन मापदंड उनकी योग्यता पूर्व की साधना तथा निष्ठा के आधार पर नहीं होता है बल्कि जातिगत सम्प्रदायगत आर्थिक सम्पन्नता के साथ अराजकतत्वों को जनबल के आधार पर मानकर किया जाता है। अब आप सोचे कि सदन में बैठे ऐसे लोग देश के लिए क्या करेंगे। मान लो 10 प्रतिशत योग्य लोग सदन में पहुँच गये तो उन्हें संख्या बल के आगे नतमस्तक होने के लिए विवश होना पड़ेगा।

परिचय

नाम	:	मोहनलाल मिश्र 'धीरज' (एडवोकेट/लेखक)
जन्मतिथि	:	1 जून 1942
पिता स्मृतिशेष	:	स्व. पंडित पीताम्बर लाल मिश्र वैद्यराज
माता	:	श्रीमती सरस्वती
निवास	:	149, सिविल लाइन्स, पी.डब्ल्यू. के पीछे, उन्नाव-209801 (उ.प्र.)
मूल निवास	:	ग्राम कुर्सीकृष्ण दत्त निवादा बिल्हौर, कानपुर
कार्यालय	:	चेम्बर नं. 14, सिविल कोर्ट कम्पाउण्ड, उन्नाव-209801 (उ.प्र.)
मोबाइल	:	9451110945
ईमेल	:	mohanlanmishradheeraj@gmail.com
शिक्षा	:	एम.ए. (राजनीति शास्त्र) एल.एल.बी.
व्यवसाय	:	चकबन्दी विभाग से दिनांक - 31.05.2000 को से तदोपरान्त वकालत
विशिष्ट उपलब्धि	:	विद्यार्थी जीवन से निरन्तर लेखन अनवरत चल रहा है, साहित्य की विभिन्न विधाओं में लिखा है, गद्य तथा पद्य दोनों में प्रकाशित पुस्तके हैं।

प्रकाशित पुस्तकें :

1. भावना	:	नाटक जिसका विषय वस्तु दहेज है।
2. प्रवासी	:	उपन्यास - दार्शनिक विचारों से व्यक्ति में परिवर्तन लाया जा सकता है।

3. ईमानदार की मौत : कहानी संग्रह जो देश में व्याप्त भ्रष्टाचार
पर एक चिन्तन

4. Radha My Love : काव्य संग्रह प्रेम तथा सामाजिक
विसंगतियों पर

5. स्पर्श : खण्ड काव्य, सत्य सांई बाबा के जीवन
पर आधारित

6. चौराहा नाटक : 6 नाटकों का संग्रह, विभिन्न समस्याओं
पर चिन्तन

7. विचारों के बादल : कहानी संग्रह

8. पागल : लघु उपन्यास

9. बीसवीं सदी के देवदूत : पंडित दीन दयाल उपाध्याय काव्य

10. 'Silent Love My Son' :

11. मैत्री : काव्य संग्रह

प्रकाश्य -

नये आयाम : कहानी संग्रह

धर्म जीजा : हास्य व्यंग्य

जटायु एक संकल्प : खण्ड काव्य

पार्थ : मेरे हिस्से का आकाश उपन्यास

बिखरे धर्म के पन्ने : नाटक

युग नायक : नाटक

एक और राम : नाटक

Daily News Hunt. E-Books

1. काले धब्बे

2. ईमानदार की मौत

3. यक्ष प्रश्न ?

4. राधा माई लव

5.	आश्रमों का सच

6.	आरक्षण एक अभिशाप

7.	भारत धर्म निरपेक्ष या सापेक्ष

8.	जे.एन.यू. के प्रबन्धतंत्र पर बदनुमा दाग

9.	चौराहा

10.	अतृप्त प्यास

11.	प्रवासी

काव्य पाठ -

1.	अखिल भारतीय मंचों से

2.	आकाश वाणी लखनऊ

3.	दूरदर्शन लखनऊ

4.	लीला बाल गोपाल की नाटक आकाश वाणी से प्रसारित

वार्ता -

आकाश वाणी - मजदूर मण्डल व लोकायतन आदि

मासिक गोष्ठी -

प्रति माह - माह के अन्तिम दिन एकल पाठ का आयोजन

परिचर्चा -

साहित्य के विभिन्न विषयों पर परिचर्चा के आयोजन

व्याख्यान-

विभिन्न महाविद्यालयों एवं विश्वविद्यालयों में

नाटक -

1. नाटक लेखन		:		भावना, चौराहा, अभिशाप आदि

2. नाटक मंचन		:		भावना, शुद्ध हिन्दी में, शहीदों की पंक्ति में, निराला गढ़ाकोला में, मुन्ना मरा नहीं आदि

3. नाटक निर्देशन   :   शहीदों की पंक्ति आदि में निर्देशन

4. नाटक अभिनय   :   निराला गढ़ाकोला में, शहीदों की पंक्ति में, शुद्ध
                                      हिन्दी में

5. मोने एकट माइन   :   मुन्ना मरा नहीं

नुक्कड़ नाटक-

पागल

स्तम्भ लेखन - समाचार लोक भारती, राही एक्सप्रेस आदि

प्रकाशित -

लेख

कहानी

कविता

साक्षात्कार

व्यंग्य

समीक्षा

दैनिक विश्वमित्र बम बम, दैनिक जागरण, आज, हिन्दुस्तान, कुबेर टाइम्स, राष्ट्रीय सहारा, लोकर समाचार भारती, नीति केशरी, उन्नाव टाइम्स, आजाद केशरी, अवध टाइम्स, नवनिकष, वीर भूमि, अंशु, अनुमेहा, अक्षरम्, राही एक्सप्रेस, अद्वितीय, जनमेजय, नाशक, जनसंघ मासिक पत्रिका, पथिक, अमर उजाला, लोक भारती आदि।

सम्मान

पूर्वोत्तर हिन्दी अकादमी शिलांग मेघालय द्वारा डॉ. महराज कृष्ण जैन स्मृति सम्मान 2018

मूल अधिकार एसोसियेशन शाखा उन्नाव द्वारा उत्कृष्ट सेवाओं हेतु सम्मानित - 2018 तथा 2019

दयानंद सुभाष नेशनल डिग्री कालेज उन्नाव द्वारा सम्मानित

अग्निशिखा मुम्बई द्वारा विचारों के बादल (कहानी संग्रह) हेतु सम्मान

महात्मा गाँधी पुस्तकालय उन्नाव द्वारा सम्मानित एवं पुरस्कृत

पंडित लालता प्रसाद रामकृष्ण महाविद्यालय पारा उन्नाव द्वारा सम्मानित

हिन्दुस्तान पेट्रोलियम उन्नाव द्वारा हिन्दी दिवस पर सम्मानित

भारत विकास परिषद शाखा उन्नाव द्वारा सम्मानित

वाचस्पति सम्मान साहित्य भारती उन्नाव

के0बी0 हिन्दी साहित्य समिति बदायूँ द्वारा 'ईमानदार की मौत' (कहानी संग्रह) हेतु सपना पाराशरी स्मृति हिन्दू भूषण श्री सम्मान रुपये 1100/- की धनराशि से अलंकृत

साहित्य सृजन द्वारा पंडित कमला शंकर स्मृति सम्मान

ईमानदार की मौत (कहानी संग्रह) हेतु 'बटोही' कानपुर द्वारा सम्मानित

संस्कार भारती द्वारा चौराहा (नाटक) तथा श्रेष्ठ अभिनय हेतु सम्मानित

*****